David Bauer
Kurzbefehl

David Bauer

Kurzbefehl

Der Kompass für das digitale Leben

Für Seline

Echtzeit Verlag

Vorwort

Die einen heulen rum, andere sind blind vor Liebe, alle sind wir überfordert: Willkommen im digitalen Leben. Das Problem in 140 Zeichen: Wir entwickeln viel schneller neue Dinge, als wir mit ihnen umgehen können – als Benutzer, vor allem aber als Menschen und als Gesellschaft.

Wir sind immer online, immer erreichbar. Und immer ratloser, was wir mit all den Fragezeichen machen sollen, die das Digitale in unser Leben gestellt hat. Darf ich Wikipedia glauben? Darf ich mein Date vorher googeln? Wie kommuniziere ich effizient? Welche Umgangsformen sind im Internet angebracht? Muss ich immer erreichbar sein? Macht das Internet die Welt demokratischer? Oder nur meine Karriere kaputt? Wie informiere ich mich am besten über die Welt? Was weiss FACEBOOK über uns? Ist GOOGLE böse? Sind Killerspiele tödlich? Was ist an diesem iPhone so toll? Und wozu nochmal soll TWITTER gut sein?

Grosse Erfindungen haben die Menschen schon früher überfordert. Die kulturelle und gesellschaftliche Anpassung an neue Technik hat immer erst mit Verzögerung stattgefunden. Das war bei der Erfindung des Buchdrucks so, bei der Dampfmaschine, beim Telefon. Was heute anders ist: Neue Technik, die tief in unser Leben eingreift, wird in einem nie dagewesenen Tempo entwickelt. Wir sind nicht mehr nur stets im Rückstand, unser Rückstand vergrössert sich auch laufend.

Vor zehn Jahren noch war GOOGLE eine kleine, unbedeutende Suchmaschine. Es gab kein FACEBOOK, kein YOUTUBE, kein WIKIPEDIA. Keinen iPod, keine Smartphones, Laptops waren schwer wie Ziegelsteine, Digitalkameras eine teure Investition. Das Internet war eine zwielichtige Sphäre, in der man hin und wieder Dinge nachgesehen hat, die dann doch falsch waren. Nichts, das unser Leben prägt, schon gar nicht etwas, in dem ein Teil unseres Lebens stattfindet.

Heute ist das Internet mitten in unserem Leben, unser Leben mitten im Internet. Es ist menschlich, aber doch so verkehrt, mit dieser Entwicklung nun zu hadern, trotzig stehenzubleiben und wehmütig zurückzublicken. Das digitale Leben ist unsere Gegenwart und unsere Zukunft. Es nicht zu verstehen, können wir uns nicht leisten.

Wir haben uns daran gewöhnt, dass GOOGLE und WIKIPEDIA auf alle kleinen Fragen des Lebens eine Antwort parat haben. Die grossen Fragen jedoch, die GOOGLE und Co. selber aufwerfen, bleiben unbeantwortet. Wie verändert die Digitalisierung unser Denken? Verbindet uns Technologie oder trennt sie uns? Schafft sich der Mensch selber ab? Sie aber sind es, auf die wir Antworten brauchen, wenn wir uns im Jetzt zurechtfinden wollen. Sie sind es, denen wir uns stellen müssen, wenn wir nicht einfach gedankenverloren in die Zukunft taumeln, sondern aktiv mitgestalten wollen, wie unser Leben von morgen aussieht. Es geht nicht nur darum, dass wir besser lernen, im digitalen Leben zurechtzukommen. Letztlich geht es um die Frage: Was macht die technologische Entwicklung mit uns Menschen? Und wie gestalten wir sie, damit sie uns nützt, nicht schadet?

Was kann dieses Buch zur Beantwortung dieser Fragen beitragen? Was kann ein Buch überhaupt noch leisten in diesen digitalen Zeiten? Das Buch ist das Medium der Langsamkeit schlechthin. Der Gegenstand dieses Buches, die digitale Welt, ist das genaue Gegenteil. In einem irrsinnigen Tempo verändert sie sich, ständig kommt Neues dazu, was gestern galt, ist morgen alt. Buch und digitale Welt, das passt zusammen. Weil die Antwort auf Tempo nicht noch mehr Tempo sein kann. Sondern Entschleunigung lauten muss.

Das eine oder andere Detail wird zwangsweise schneller veralten oder zur unfreiwilligen Pointe verkommen, als wenn in diesem Buch die Entwicklung des Buchdrucks nachgezeichnet würde. Auch kann dieses Buch in Sachen Aktualität nicht mithalten mit all den klugen Artikeln und Tweets, die jeden Tag über das digitale Leben geschrieben werden. Doch je aktueller etwas ist, desto schneller veraltet es. Das Buch ist eine ganz bewusste Kapitulation vor der Geschwindigkeit der technischen Entwicklung. Wenn wir ein Rennpferd beobachten und analysieren wollen, rennen wir ihm auch nicht hinterher. Wir setzen uns auf die Tribüne und beobachten aus der Ferne. So sehen wir das Pferd und seine Bewegungen als Ganzes. Sehen, was um es herum geschieht. Wenn wir ein Detail genauer betrachten wollen, können wir jederzeit heranzoomen. Genauso lässt sich die aktuelle, rasend schnelle Entwicklung nicht erfassen und verstehen, wenn man ihr nachhetzt. Die atemraubende Geschwindigkeit ist genau der Grund, weshalb uns das Gefühl der Überforderung beschleicht. Dieses wird nur stärker, wenn wir verzweifelt versuchen, nicht abgehängt zu werden. Gefragt ist Gelassenheit, damit wir das digitale Leben in seinen grundlegenden Strukturen verstehen, uns orientieren und die Entwicklung dann behutsam mitgehen können.

Damit wir leichter vorankommen, kennt jeder Computer Kurzbefehle; Tastenkombinationen, mit denen sich Funktionen mit einem Griff ausführen lassen. Dieses Buch ist Ihr Kurzbefehl. Mit dem Sie zu allen wichtigen Themen rund um das digitale Leben eine Orientierungshilfe und einen ersten Anstoss zum Nachdenken aufrufen können. Ein Ratgeber oder gar eine exakte Anleitung zum digitalen Leben kann und will dieses Buch nicht sein. Wer im digitalen Leben leichte Antworten sucht, unterschätzt seine Komplexität. Dieses Buch soll Ihnen als Kompass ungefähr die Richtung weisen. Damit Sie für sich herausfinden können, wo Sie stehen und welchen Weg Sie einschlagen wollen. (Fragen, die das Buch nicht beantwortet, dürfen Sie gerne auf www.kurzbefehl.ch stellen.)

Denn die Entwicklung, sie geht unaufhaltsam weiter. Nichts könnte das Verschmelzen von Technologie mit unserem Leben besser verdeutlichen als die Technologie der Stunde, *augmented reality*. Die erweiterte Realität ist die konsequente Überlagerung unseres Lebens mit dem Internet. Spezielle Programme können über die Handykamera die Umgebung wahrnehmen. Wenn ich beispielsweise vor der Notre-Dame in Paris stehe und mein Handy darauf richte, erscheinen auf dem Handyschirm neben der Kirche Informationen dazu aus WIKIPEDIA. Orte, Objekte und Menschen in unserer Nähe können mit *augmented reality* in Echtzeit mit Informationen aus dem Netz angereichert werden.

Heute kommen diese Informationen über den Handyschirm zu uns, morgen über eine Brille, übermorgen vielleicht direkt über unsere Augen. «Science-Fiction bleibt nicht lange Fiktion. Schon gar nicht im Internet», sagte einst Vinton Cerf, ein amerikanischer Informatiker, der als einer der Väter des Internets gilt. Sehen wir zu, dass wir vorbereitet sind.

Eine Momentaufnahme in Zahlen

Menschen weltweit, die Zugang zum Internet haben: **2 Milliarden**
Menschen weltweit, die keinen Strom haben: **2 Milliarden**

Energieaufwand der GOOGLE-Server für eine Suchanfrage: **1 kJ**
Energieaufwand eines Menschen für 10 Sekunden Nachdenken: **1 kJ**

Neugeborene weltweit pro Tag: **400 000**
Neue FACEBOOK-Nutzer weltweit pro Tag: **500 000**

Durchschnittliche Geschwindigkeit eines Internetanschlusses in der Schweiz: **20 Megabit/Sekunde**
Durchschnittliche Geschwindigkeit eines Internetanschlusses in Japan: **108 Megabit/Sekunde**
Schnellster Internetanschluss für Privatanwender in der Schweiz 2000: **0,5 Megabit/Sekunde**

Anzahl digitalisierter Bücher bei GOOGLE Books: **12 Millionen**
Anzahl Bücher in der grössten Bibliothek der Welt, der Library of Congress in Washington D.C.: **33 Millionen**

Leistung des Bordcomputers der Apollo-Mission (1969): **2 Megahertz**
Rechenleistung eines Taschenrechners (2010): **75 Megahertz**

Veränderung des Gesamtumsatzes der Musikindustrie von
2004 bis 2009: **minus 30%**
Veränderung des Umsatzes der digitalen Musikindustrie von
2004 bis 2009: **plus 940%**

Menschen weltweit, die Bücher auf einem E-Reader lesen: **15 Millionen**
Menschen weltweit, die nicht lesen können: **1000 Millionen**

Anzahl geschriebene Tweets pro Tag (weltweit): **90 Millionen**
Anzahl verschickte SMS an Silvester 2009 (schweizweit): **110 Millionen**

Follower von Lady Gaga bei TWITTER: **6,5 Millionen**
Leser der NEW YORK TIMES: **2,9 Millionen**

Gewicht des ersten iPod (1000 Songs): **185 Gramm**
Gewicht des neuesten iPod Nano (2000 Songs): **21 Gramm**

Websites weltweit: **234 Millionen**
Websites, die ein durchschnittlicher Nutzer pro Monat aufruft: **87**

Weltweit verkaufte Computer pro Tag: **770 000**
Benötigtes Wasser zur Herstellung eines Computers: **4000 Liter**

Weltweit verkaufte Mobiltelefone im Jahr 2009: **1,2 Milliarden**
Fachgerecht entsorgte Mobiltelefone im Jahr 2009: **0,036 Milliarden**

Internetnutzer unter den 7,6 Millionen Einwohnern
der Schweiz: **5,7 Millionen**
Internetnutzer unter den 50 Millionen Einwohnern
Südafrikas: **5,3 Millionen**

Zeit, die bis heute weltweit in WIKIPEDIA investiert wurde:
100 Millionen Stunden
Zeit, die alle Amerikaner zusammen pro Jahr fernsehen:
200 Milliarden Stunden

Inhalt

Leben und Überleben
17 — Die digitalen Todsünden
19 — Was muss ich über FACEBOOK wissen?
25 — Lebe ich im Netz ewig?
28 — Darf ich WIKIPEDIA glauben?
30 — Soll ich die grosse Liebe im Netz suchen?
32 — Wie halte ich eine fatal fehlgeleitete Nachricht auf?
34 — Das Besserwisser-Glossar
39 — Abkürzungen, die man kennen muss
41 — Wo kann ich mich von dem ganzen Technikwahnsinn erholen?

Gut und Böse
47 — Ist GOOGLE böse?
49 — Was weiss FACEBOOK über uns?
54 — Erfordert die digitale Welt eine neue Ethik?
57 — Sind Killerspiele tödlich?
60 — Macht das Internet die Welt demokratischer?
66 — Richtet das Internet unsere Sprache zu Grunde?
68 — Was hat dieses Web 2.0 tatsächlich gebracht?
72 — Wer kontrolliert das Internet?
76 — Warum verschwindet Spam eigentlich nie?

Stil und Anstand
83 — Wie schnell muss ich auf eine Nachricht reagieren?
86 — Darf ich mein Date vorher googeln?
88 — Welche Umgangsformen sind im Internet angebracht?
90 — Was ist an diesem iPhone so toll?
93 — Wie telefoniere ich in der Öffentlichkeit?
94 — Muss ich immer erreichbar sein?
96 — Sollten wir unsere Handschrift mehr pflegen?
99 — Wo fahre ich ganz altmodisch analog besser?
102 — Machen Gadgets glücklich?

Rat und Tat
107 — Wie finde ich im Netz, was ich suche?
110 — Wie verhindere ich, dass das Netz meiner Karriere schadet?
114 — Wie bewältige ich eine Hotline?
116 — Kann mir das Internet Entscheidungen abnehmen?
120 — Wozu ist TWITTER gut?
123 — Wie kommuniziere ich effizient?
126 — Wie surfe ich bequemer und sicherer im Netz?
130 — Wie informiere ich mich am besten über die Welt?

Sein und Selbst
135 — Was macht die Technologie mit unserer Identität?
138 — Verbindet uns die Technologie oder trennt sie uns?
141 — Verstehen wir weniger von der Welt als früher?
143 — Habe ich mich der Technik schon unterworfen?
145 — Wie wehre ich mich gegen die digitale Demenz?
149 — Wie verändert die Digitalisierung unser Denken?
154 — Warum müssen wir immer alles fotografieren?
156 — Schafft der Mensch sich selber ab?
160 — Was für ein *homo digitalis* bin ich?

Trends und Zukunft
165 — Technologie: eine heitere Geschichte des Irrtums
169 — Das digitale Leben, in Zitaten erklärt
171 — Darf ich all dieses technische Zeugs einfach doof finden?
173 — Gibt es Musik bald nur noch als Downloads?
176 — Bleibt das Internet gratis?
178 — Steuern wir auf die totale Überwachung zu?
182 — Welche Bedeutung wird das gedruckte Wort künftig noch haben
185 — Hat irgendjemand noch den Durchblick?
190 — Was wird in zehn Jahren sein?

Das Quiz zum digitalen Leben

Leben und Überleben
Seite 15 bis 44

Gut und Böse
Seite 45 bis 80

Stil und Anstand
Seite 81 bis 104

Rat und Tat
Seite 105 bis 132

Sein und Selbst
Seite 133 bis 162

Trends und Zukunft
Seite 163 bis 194

Die digitalen Todsünden

Hochmut — Das Internet ist die Bühne der Eitlen und Selbstverliebten. Sich präsentieren, um Aufmerksamkeit buhlen, das geht in Ordnung. Nicht in Ordnung ist der Hochmut gegenüber all jenen, die nicht im Rampenlicht des Internets stehen und nicht jeder neuesten technischen Entwicklung hinterherrennen. Zu oft gefallen sich die *early adopters* darin, den Rest als zurückgeblieben und ignorant abzuqualifizieren. Ihnen möchte man die analoge Surferweisheit zurufen: Man muss nicht als Erster auf der Welle sein, sondern dann, wenn sie am höchsten ist.

Geiz — Im Internet ist ein Prinzip zum Mantra erhoben worden, das wir als Kinder gelernt (aber nie akzeptiert) und später (wohl darum) wieder vergessen haben: Man teilt mit anderen, was man hat. Die Süssigkeiten sind jetzt Informationshäppchen und man teilt nicht mehr, man *sharet*. Den Link zu einem interessanten Artikel, die Fotos vom letzten Grillabend, das Wissen um eine abgeschiedene Bucht in der Bretagne. Was ich habe und weiss, teile ich. Wer geizt, wird von der Community missachtet. Das ist zwar besser, als aller Süssigkeiten beraubt und verprügelt zu werden – zum Aussenseiter wird man trotzdem.

Genusssucht — Ein funkelndes Gadget neben dem anderen, technische Verlockungen im Stakkato. Gerne gerät der *homo digitalis* ob dieses Angebots ins Schwärmen, lässt sich von Lust statt Ratio in seinen Entscheidungen leiten. Doch er sollte sich nicht blenden lassen von Touchscreens, OLED-Displays und magischen Mäusen. Zu viel des Guten verdirbt den Charakter, stumpft ab gegenüber wirklich wertvollen Dingen, die auch im 21. Jahrhundert noch analog sind. Wenn ein ganzes Römisches Reich an der Genusssucht zu Grunde gehen kann, nehmen Sie sich mal besser in Acht.

Zorn — Zorn ist in jeder Lebenssituation ein zwielichtiger Begleiter. Er fördert Dinge zu Tage, die besser im Dunkeln blieben. Im Netz aber hinterlässt der Zorn noch Spuren, selbst wenn er längst wieder verflogen ist. Das Netz vergisst nicht oder nur sehr langsam. Werfen Sie Teller an die Wand, prügeln Sie auf einen Boxsack ein. Aber veröffentlichen Sie nichts im Netz, während Sie zornig sind.

Völlerei — Das Internet ist das *All-you-can-eat*-Kreuzfahrtbuffet der Informationsgesellschaft. Wer sich nicht selber zügelt, überfrisst sich hoffnungslos. Die übervolle Informationsangebot wird erst dann zum Problem, wenn man sich gedankenlos darauf stürzt. Darum: Das Hirn surft mit – und entscheidet, wo die Aufmerksamkeit sinnvoll eingesetzt ist. Es gilt massvoll zu geniessen und sich wann immer möglich die Filetstücke servieren zu lassen.

Missgunst — Im Netz, spätestens seit es sich für alle geöffnet hat und ein 2.0 angehängt erhalten hat, kann jeder zeigen und zur Schau stellen, was er erreicht hat. Das Netz ist voll von Erfolgsgeschichten. Selbst im direkten Umfeld bei FACEBOOK bekommen wir täglich zu sehen, worüber sich andere freuen und worauf sie stolz sind. Nichts wäre verfehlter, als dieser neuen Sichtbarkeit von Glück mit Neid und Missgunst zu begegnen. Missgunst ist das Hindernis auf dem Weg, selber nach mehr Glück zu streben. Der Erfolg und das Glück der anderen sollte uns darin bestätigen, was alles möglich ist.

Trägheit des Geistes — Die Technik soll ein Werkzeug unseres Geistes sein; unsere Möglichkeiten da erweitern, wo die rein menschliche Kapazität an ihre Grenzen stösst. Stattdessen lassen wir uns von unseren digitalen Dienern mehr und mehr beherrschen. Lassen zu, dass unser Geist erschlafft. «Es wäre eine Schande, wenn herausragende Technologie am Ende den Intellekt, der sie erschaffen hat, bedroht», schrieb der Sachbuchautor Edward Tenner bereits 2006 in der NEW YORK TIMES.

Was muss ich über FACEBOOK wissen?

Neben GOOGLE ist FACEBOOK heute wohl der wichtigste Dienst im ganzen Internet. GOOGLE ist unser Synonym für das Suchen geworden und bietet eine ganze Palette von Arbeitsinstrumenten an. FACEBOOK ist das Abbild unserer Identität im Netz und der Ort, wo wir mit Freunden und Bekannten online verbunden sind. Wenn wir sagen, dass wir im Netz leben und arbeiten, dann sind FACEBOOK und GOOGLE die beiden Ankerpunkte.

Es gibt auf der ganzen Welt nur noch zwei Länder, China und Indien, die mehr Einwohner haben als FACEBOOK. Mit über 500 Millionen aktiven Mitgliedern ist FACEBOOK längst das grösste soziale Netzwerk im Internet. In der Schweiz sind knapp 2,5 Millionen Menschen angemeldet, in Deutschland über 11 Millionen. Island war Anfang 2009 das erste Land, in dem mehr als die Hälfte aller Einwohner ein FACEBOOK-Profil hatte (heute gilt das neben verschiedenen Kleinststaaten auch für Norwegen, Singapur und Hongkong; Kanada, England und die USA dürften die 50-Prozent-Marke bald überschreiten). Auch altersmässig ist FACEBOOK in der Mitte der Gesellschaft angekommen: Das Durchschnittsalter der Nutzer liegt heute bei 38 Jahren.

Die Zahl der FACEBOOK-Verweigerer schrumpft stetig, in Industrieländern ist es in der Altersgruppe zwischen 20 und 29 weniger als einer von zehn. Die meisten davon geben als Grund an, dass sie FACEBOOK für Zeitverschwendung halten, für einen Marktplatz der Eitelkeiten, seltener, dass sie einer Firma nicht so viel Persönliches anvertrauen wollen. Was sie mit vielen angemeldeten Nutzern gemein haben: Sie wissen nicht besonders viel über FACEBOOK. Die einen nutzen es einfach so, die anderen lehnen es einfach so ab. Doch FACEBOOK ist zu wichtig geworden, als dass man einfach darüber hinwegsehen könnte. Wer es nutzt, sollte genau wissen, was er da tut. Wer es nicht nutzt, sollte sich einmal ernsthaft damit auseinandergesetzt haben. Und alle sollten erkennen, welche Tragweite das Phänomen FACEBOOK für das Internet und unsere Gesellschaft hat.

FACEBOOK gehört Russen und Amerikanern, aber einer bestimmt alles.

Hinter FACEBOOK steht die Firma FACEBOOK Inc. mit Sitz in Palo Alto in Kalifornien. Sie gehört zahlreichen Investoren sowie aktuellen und ehemaligen Mitarbeitern. Grösster Anteilseigner mit 24 Prozent ist der 26-jährige Gründer und CEO, Mark Zuckerberg. Er kontrolliert drei der fünf Verwaltungsratssitze der Firma und hat damit die absolute Kontrolle über FACEBOOK. Zehn Prozent der Firma gehören den kalifornischen Investoren Accel Partners, fünf der russischen Investmentfirma Digital Sky Technologies. Als erster Geldgeber von FACEBOOK hat sich der amerikanische Technologie-Investor und Hedgefund-Manager Peter Thiel 3 Prozent der Firma gesichert; er gilt noch heute als graue Eminenz von FACEBOOK und ist neben dem Berater Marc Andreessen der wichtigste Einflüsterer von CEO Zuckerberg. Bekanntester Investor ist Software-Riese MICROSOFT, seit Oktober 2007 mit 1,6 Prozent an FACEBOOK beteiligt.

FACEBOOK ist gekommen, um zu bleiben.

FACEBOOK ist kein kurzfristiges Phänomen. Immer wieder wird zwar darauf verwiesen, wie schnell sich die Masse im Netz bewegt und wie schnell ein beliebter Dienst aus der Gunst der Nutzer fallen kann. FACEBOOK selber, 2004 gegründet, hat innert weniger Jahre die vormaligen Platzhirsche MYSPACE und FRIENDSTER verdrängt. Dass FACEBOOK in naher Zukunft ein ähnliches Schicksal erleidet, ist unwahrscheinlich. FACEBOOK ist viel stärker in die Nutzungsgewohnheiten und das soziale Leben der Menschen eingeflochten als jeder andere Onlinedienst davor. Das Beispiel GOOGLE zeigt, dass ein Anbieter im Netz dauerhaft dominant bleiben kann, wenn er zur Selbstverständlichkeit wird. Netzwerkeffekte binden die Nutzer zusätzlich an FACEBOOK: Wer aussteigt, zahlt einen hohen sozialen Zoll. Hinzu kommt, dass FACEBOOK bereits weit mehr ist als ein soziales Netzwerk und sich tief im Ökosystem des Internets verankert hat.

FACEBOOK ist ein Ankerpunkt im Netz.

FACEBOOK spielt im Ökosystem des Internets verschiedene wichtige Rollen. Alle hängen damit zusammen, dass auf FACEBOOK mehr reale Menschen als irgendwo sonst im Netz miteinander interagieren. FACEBOOK nimmt so eine bedeutende Rolle ein, wenn es darum geht, Besucherströme im Netz zu lenken. Indem FACEBOOK-Nutzer Videos teilen, Websites verlinken und sich zu Marken und Produkten bekennen, dirigieren sie ihren Freundeskreis von durchschnittlich 130 Personen durch das Netz. Mit dem Empfehlungsprinzip überlagert FACEBOOK seit April 2010 das gesamte Web. Nutzer können auf allen möglichen Websites Inhalte mit einem «Like» markieren und damit eine Empfehlung abgeben. Auf diese Weise werden Daten für eine menschliche Suchmaschine generiert: Wenn ich nach einem Hotel in New York suche, kann mir FACEBOOK jene bevorzugt anzeigen, welche Freunde von mir mit einem «Like» ausgezeichnet haben. Wenn ich nach Informationen zur Französischen Revolution suche, liefert FACEBOOK jene, die von vielen Nutzern als hilfreich markiert wurden. Eine wichtige Rolle kommt FACEBOOK schliesslich als Identitätskarte im Netz zu. Viele Dienste im Netz ermöglichen ihren Nutzern, sich ohne separate Registrierung mit ihrem FACEBOOK-Profil einzuloggen, da dort alle nötigen Daten hinterlegt sind. Bis FACEBOOK damit auch zu einem gängigen Zahlungsmittel im Netz wird, ist nur eine Frage der Zeit.

FACEBOOK wird sehr intensiv genutzt. Wie verrückt, um genau zu sein. Alle Nutzer zusammen verbringen pro Monat 700 Milliarden Minuten auf FACEBOOK, das sind über 1 Million Jahre. Der Durchschnittsnutzer verbringt jeden Monat gut sechs Stunden mit FACEBOOK. Er veröffentlicht dabei 90 Dinge und verbreitet 60 weiter. Weltweit gibt es nur noch eine Website, die öfter aufgerufen wird als FACEBOOK, das ist GOOGLE. Und keine, auf der die Menschen mehr Zeit verbringen.

FACEBOOK-Nutzer sind nicht eitel. Aber mitteilungsbedürftig.

Wer sich bei FACEBOOK anmeldet und nicht vorhat, dort eine Existenz als Karteileiche zu fristen, sollte gewillt sein, sich an dieser neuen Form von Austausch zu beteiligen. Es bringt wenig, selbstgefällige Statusmeldungen zu schreiben und mit Fotos die eigene Coolness zu zelebrieren. Die Zeit ist vorbei, als Online-Communities vom eigentlichen Leben losgekoppelte Spielwiesen für Alter Egos waren *(Siehe: «Was macht die Technologie mit unserer Identität?»)*. FACEBOOK ist das eigentliche Leben, einfach um die virtuelle Dimension erweitert. Wenn wir auf FACEBOOK eitel erscheinen, dann liegt das daran, dass der Mensch an sich eitel ist. In der geballten und letztlich trotz allem noch ungewohnten Form auf FACEBOOK fällt es einfach etwas mehr auf. In ein paar Jahren wird man dieses Verhalten nicht mehr als Eitelkeit bezeichnen, sondern als Offenheit. Wobei ein bisschen Eitelkeit nicht schadet. Etwa bei der Wahl des eigenen Profilbilds. Denken Sie daran, dass Ihre Freunde Sie um ein Vielfaches öfter auf FACEBOOK sehen als in echt. Dieses Foto prägt das Bild, das andere von Ihnen haben, mehr, als Sie wollen.

FACEBOOK ist ein sozialer Nachrichtenradar.

Per Algorithmus stellt uns FACEBOOK ein Bulletin zusammen, in dem es uns auf dem Laufenden hält, was unsere Freunde tun und was sie umtreibt. Es bietet uns jene Art von Neuigkeiten, die uns interessieren, die aber kein Nachrichtenmedium bieten kann: Neuigkeiten aus unserem persönlichen Umfeld. Ich muss nicht danach fragen, muss nicht darauf antworten, ich bekomme alles en passant mit. Wenn mich etwas näher interessiert, kann ich darauf reagieren – mit einem «Like», einem Kommentar oder indem ich die Person direkt darauf anspreche, wenn wir uns das nächste Mal sehen. Auch die weite Welt findet in diesem persönlichen Nachrichtenstrom statt. Nach dem alten Prinzip «Hast du schon gehört?» werde ich von Freunden auf Wissenswertes von nah und fern hingewiesen. Wenn Sie den *Newsfeed* von FACEBOOK dann noch um jene Personen bereinigen, die selten Interessantes von sich geben (indem Sie auf «Verbergen» klicken), erhalten Sie ein Nachrichtenprogramm, das ausgezeichnet unterhält und informiert. Und in das Sie sich jederzeit selber einklinken können.

Statusmeldungen sind keine Selbstgespräche.

Geht es nach FACEBOOK, soll die Statusmeldung die Frage «Was machst du gerade?» beantworten. Das ist freilich selten interessant (in der englischen Version wird immerhin nach *«What's on your mind?»* gefragt). In eine Statusmeldung gehört nur, was potenziell für andere interessant ist: Hinweise auf Fundstücke im Netz, wertvolle Tipps und Informationen, witzige Anekdoten und pointierte Kommentare zur Welt im Grossen und Kleinen. Nutzen Sie auch die Möglichkeit, einzelne Statusmeldungen nur einem Teil Ihrer Freunde zu schicken. Stellen Sie sich beim Schreiben immer vor, Sie stünden vor alle Ihre Freunde und Bekannte hin und würden genau das sagen. Das bewahrt Sie nicht nur davor, Langweiliges und Belangloses von sich zu geben, sondern verhindert peinliche Kurzschlüsse.

Privatsphäre bedeutet kritische Reflexion.

Privatsphäre bedeutet nicht, dass man nichts von sich preisgibt. FACEBOOK bietet Ihnen alle Möglichkeiten, sich zum gläsernen

Menschen zu machen. Sie können anzügliche Ferienfotos veröffentlichen, Ihre Handynummer, Ihren Beziehungsstatus. Sie können Ihre politischen und religiösen Ansichten öffentlich machen, Ihre Vorliebe für Arztromane und Vampirfilme und Sie können via Statusmeldungen den täglichen Seelenstriptease praktizieren. Das kann alles seinen Sinn haben und Ihnen in irgendeiner Form weiterhelfen. Überlegen Sie sich aber bei jeder Information, die Sie auf FACEBOOK deponieren, welchen Nutzen Sie effektiv davon haben, und kontrollieren Sie über die Privatsphäre-Einstellungen, wer was zu sehen bekommt und was FACEBOOK damit anstellen darf. *(Siehe: «Was weiss FACEBOOK über uns?»)*

Der Freundeskreis auf FACEBOOK will gut kuratiert sein.

Seien Sie selektiv bei der Auswahl Ihrer FACEBOOK-Freunde. Nicht jeder, dem Sie mal virtuell oder sonstwie über den Weg gelaufen sind, muss Aufnahme finden in Ihren virtuellen Freundeskreis. Dafür gibt es E-Mail. Nutzen Sie ausserdem die Möglichkeit, Ihre Kontakte in verschiedene Listen zu gruppieren. So können Sie Sachen auf FACEBOOK veröffentlichen, die aber nur ein Teil Ihrer Kontakte zu sehen bekommt. Entscheidend ist schliesslich, dass Sie Ihre Kontaktliste regelmässig kuratieren. Nur so behalten Sie den Überblick, wer gerade wie intensiv an Ihrem Leben teilhaben darf. Verschieben Sie bei Bedarf Leute in andere Listen oder verbannen Sie sie ganz aus Ihrem FACEBOOK-Freundeskreis. Aber Achtung: Letzteres wird mitunter als drastischer Schritt wahrgenommen. Werfen Sie niemanden raus, dem Sie nicht erklären könnten, warum.

FACEBOOK verdient kein Geld. Noch nicht.

Im September 2009 konnte die Firma bekannt geben, dass sie erstmals gleich viel einnimmt wie ausgibt. Als nichtöffentliche Firma muss FACEBOOK keine Geschäftszahlen veröffentlichen, es existieren deshalb nur Schätzungen darüber, wie viel Geld

FACEBOOK einnimmt. Gemäss dem Wirtschaftsjournalisten David Kirkpatrick, dem vielleicht bestinformierten FACEBOOK-Experten, hat die Firma 2009 rund 500 Millionen Dollar umgesetzt, 2010 sollen es 800 Millionen sein, andere Experten rechnen mit bis zu einer Milliarde (zum Vergleich: GOOGLE nahm 2009 rund 24 Milliarden ein, NESTLÉ rund 108 Milliarden). Über vier Fünftel seiner Einnahmen erzielt FACEBOOK mit Werbeeinblendungen auf den Nutzerprofilen. Einen kleinen, aber wachsenden Anteil trägt der Verkauf von virtuellen Gütern bei. Aufgrund seiner riesigen Nutzerschaft und einer Datensammlung, die ihresgleichen sucht, wird FACEBOOK zugetraut, in Zukunft deutlich mehr Geld zu verdienen. Das hoffen nicht zuletzt die verschiedenen Investoren, die zusammen bisher über 830 Millionen Dollar in FACEBOOK gesteckt und die Firma dabei mit bis zu 15 Milliarden bewertet haben.

Lebe ich im Netz ewig?

Der Tod ist eine binäre Operation. Die Lebendigkeit eines Menschen wechselt von 1 auf 0. Die ganze digitale Welt ist auf binären Operationen aufgebaut. Und doch hat diese eine, buchstäblich lebensverändernde, das Internet lange nicht interessiert. Der Tod seiner Nutzer war im Internet nicht vorgesehen. Das Internet ist dadurch aber nicht zum Paradies der Unsterblichen geworden, sondern vielmehr zu einem Kerker der Untoten.

Lebendige Menschen hinterlassen Spuren im Netz, die sie als tote nicht mehr beseitigen können. Zugangsdaten und Passwörter nehmen sie mit ins Grab. So können auch andere die Spuren nur schwer beseitigen. Wer schon in der Situation war, ein Mailkonto oder ein FACEBOOK-Profil eines Verstorbenen löschen zu wollen, kennt die Hindernisse. Es fehlen die Standardabläufe, die eine Person nach ihrem Tod von ihren Verbindungen zur Welt lösen. Zivilamtseinträge, Bankkonten, Versicherungen, für all diese Dinge gibt es Regelungen, damit ein toter Mensch auch auf dem Papier aus dem Leben scheidet. Die virtuelle Persona aber lebt weiter.

Inzwischen haben verschiedene Unternehmen das Problem – und das Geschäft mit dem Tod – erkannt. So kann ich bei LEGACYLOCKER zu Lebzeiten gegen ein monatliches Entgelt alle meine Zugangsdaten und Passwörter deponieren und Vertrauenspersonen festlegen, die diese nach meinem Tod erhalten sollen. Wenn diese Personen bei LEGACYLOCKER meinen Tod bestätigen, werden die Daten freigegeben. Der digitalen Totenruhe steht dann nichts mehr im Wege. Ausser GOOGLE. Je länger, desto mehr finden sich von uns im Netz auch Spuren, über die wir selber keine Kontrolle haben. Dagegen hilft nur die Gelassenheit zu wissen, dass diese Spuren irgendwann von vielen neuen Spuren überdeckt werden. Und dass man selber die Erde dann ohnehin von unten sieht und sich um Irdisches nicht mehr allzu sehr kümmern muss.

Genau das Gegenteil, die virtuelle Unsterblichkeit, beabsichtigt der Service DEATH SWITCH. Während ich noch lebe, kann ich Nachrichten verfassen, die nach meinem Tod an bestimmte Personen verschickt werden. «Liebe Grüsse aus dem Jenseits» etwa oder «Ich vermisse euch auch» oder «Der Gärtner war's!». Auch zum ersten, fünften oder zehnten Todestag kann ich eine Botschaft vorschreiben, die dann an mich erinnert. Im Umgang mit DEATH SWITCH ist allerdings Vorsicht geboten, der Dienst funktioniert über einen Totmannschalter. Wenn ich nicht alle drei Tage bestätige, dass ich noch lebe, werde ich für tot erklärt und der Newsletter from Hell wird verschickt. Wer sich eine digitale Auszeit gönnt *(Siehe: «Wo kann ich mich von dem ganzen Technikwahnsinn erholen?»)* ist dann schneller virtuell tot, als ihm lieb ist.

Jeder hat seine eigenen Präferenzen zwischen virtueller Unsterblichkeit, digitaler Totenruhe und der Gleichgültigkeit eines

Toten. Deshalb braucht es eine digitale Patientenverfügung. Solange wir leben und selber bestimmen können, sollten wir festlegen, wie mit uns umgegangen werden soll, wenn unser Körper tot, unsere virtuelle Persona aber noch lebendig ist. Analog zur medizinischen Patientenverfügung sollten wir in einem kurzen Dokument zu Handen von zwei Vertrauenspersonen festhalten, was mit unseren Profilen auf sozialen Netzwerken, unserer persönlichen Website und unseren E-Mail-Adressen geschehen soll. Damit jene Vertrauenspersonen, die nach unserem Tod unsere Zugangsdaten erhalten, auch wissen, was sie damit anstellen sollen. Eine Vorlage zum Download finden Sie auf der Website www.kurzbefehl.ch.

Ich plädiere für eine gepflegte virtuelle Unsterblichkeit. Eine Präsenz im Netz über den Tod hinaus, die aber den Tod erkennbar macht. Natürlich muss nicht bei jedem meiner Texte, die im Netz veröffentlicht sind, plötzlich stehen: Der Autor ist jetzt tot, *imfall*. Texte können für sich alleine stehen, ob der Autor nun lebt oder nicht.

Ich denke vor allem an soziale Netzwerke, die darauf angelegt sind, dass Menschen miteinander kommunizieren können. Bei FACEBOOK beispielsweise würde sich der Tod ganz natürlich in den gewohnten Fluss einfügen. «David ist jetzt tot.» «David nimmt an Davids Beerdigung teil.» «David ist der Gruppe ‹Dieser Himmel ist ja schön und gut, aber wo sind meine 72 Jungfrauen?› beigetreten». Wenn es nach FACEBOOK ginge, wäre der Tod eines Mitglieds tatsächlich nichts weiter als eine zusätzliche Profilinformation. Ort: Basel, politische Einstellung: liberal, Lebendigkeit: nein. FACEBOOK sieht die Profile von Verstorbenen als Erinnerungsprofile, die deshalb nicht gelöscht werden. Natürlich ist es nicht an FACEBOOK, dies zu entscheiden. Wer in seiner digitalen Patientenverfügung festhält, dass sein Profil gelöscht werden soll und sein Passwort nicht mit ins Grab nimmt, macht es den Hinterbliebenen einfach.

Falsch ist die Überlegung von FACEBOOK aber keinesfalls. Im Gegenteil. Was spricht dagegen, auch nach seinem Tod inmitten seiner Freunde zu bleiben? Das Profil wird zum virtuellen Grabstein, ein Ort der Erinnerung für all jene, die sich an einen erinnern möchten. Anstatt an den Geburtstag werden die Freunde dann jährlich an den Todestag erinnert. Um Missverständnissen vorzubeugen, muss sich das Profil optisch von anderen unterscheiden. Und bestimmte Funktionen müssen deaktiviert werden, etwa damit der Verstorbene nicht weiterhin zu Partys eingeladen wird. Oder laufend «angestupst» wird.

Die Vorstellung, auf diese Weise nach dem Tod im Netz weiterzuleben, gefällt mir. Andere werden es geschmacklos oder unnötig finden. *Chacun à son goût*. Damit es so kommt, wie wir das wollen, braucht es die digitale Patientenverfügung.

Darf ich WIKIPEDIA glauben?

Um eine Antwort auf diese Frage zu finden, müssen wir WIKIPEDIA nicht als Lexikon verstehen, sondern als Lektion. Eine Lektion in Konstruktivismus und kritischem Denken. Haben wir diese Lektion verstanden, so kann die Antwort nur lauten: Ja, selbstverständlich dürfen wir glauben, was bei WIKIPEDIA steht.

Kritiker werfen WIKIPEDIA vor, dass es voller Fehler und bewusster Fehlinformation sei. Weil jeder, ob er nun Nobelpreisträger ist oder den halben IQ von Forrest Gump hat, mitschreiben kann. Weil jeder, ob mit hehren Absichten oder zweifelhaften Motiven, seine persönliche Sicht der Dinge ins Lexikon hineinschreiben kann.

Tatsächlich kann ich, zumindest in der englischsprachigen Version, jederzeit den Eintrag zur Stadt Basel bearbeiten und hineinschreiben, dass diese im Kanton Zürich liegt. Innert Stunden, manchmal gar noch schneller, ist es allerdings wieder korrigiert. Weil es falsch ist. Und weil viele Menschen das wissen. WIKIPEDIA baut auf dem Prinzip der Weisheit der Vielen auf. Kurz erklärt: Viele Menschen wissen mehr als ein Einzelner, sofern sie unabhängig voneinander sind. Ein Lexikon ist demnach umfassender, aktueller und präziser, je mehr Leute daran mitarbeiten und sich gegenseitig korrigieren. So ist in weniger als zehn Jahren das grösste Lexikon der Welt entstanden, mit über 14 Millionen Artikeln in über 260 Sprachen. Bei fast jeder siebten GOOGLE-Suche erscheint ein WIKIPEDIA-Eintrag an oberster Stelle. Und das Wichtigste: Studien, wie etwa vom renommierten Fachmagazin NATURE, haben gezeigt, dass WIKIPEDIA genauso gut ist wie traditionelle Lexika. Trotz seiner Fehler und Ungenauigkeiten.

Der Konstruktivismus lehrt uns, dass es keine reine Wirklichkeit gibt. Wirklichkeit wird immer von Menschen erschaffen, mit ihrem jeweiligen Erfahrungshintergrund und aus einem bestimmten Kontext heraus. Unterschiedliche Menschen erschaffen unterschiedliche Wirklichkeiten. Selbst ein Lexikoneintrag, dem gemeinhin keine subjektive Färbung unterstellt wird, ist geprägt von denjenigen, die ihn verfasst haben. WIKIPEDIA macht diese innere Widersprüchlichkeit, der kein Lexikon entfliehen kann, transparent und fordert den Nutzer auf, mitzudenken. Wissen wird bei WIKIPEDIA als das abgebildet, was es tatsächlich ist: ein laufender Prozess, kein Zustand. Irrtum und Korrektur sind zentrale Bestandteile dieses Prozesses, keine Systemfehler. Anders als bei traditionellen Lexika ist jeder Eintrag stets dem kritischen Auge aller Leser ausgesetzt und muss sich laufend bewähren. Das poppersche Falsifikationsprinzip zeigt sich auf WIKIPEDIA in Reinform. Einträge bei WIKIPEDIA durchlaufen einen Reifeprozess, umso intensiver, je öfter sie gelesen werden, und gelangen irgendwann an einen Punkt, wo die Korrekturen seltener und marginaler werden. Es gibt keinen Grund, diese Inhalte als weniger glaubwürdig einzustufen denn jene, die in einem traditionellen Lexikon zu finden sind. Eine Ausnahme bilden Themen, bei denen verschiedene Interessengruppen um die Deutungshoheit ringen, etwa der Nahostkonflikt oder SCIENTOLOGY. Die Weisheit der Vielen versagt da, wo die Beteiligten nicht darauf aus sind, Wissen gemeinsam zu kuratieren, sondern andere von ihrer Meinung zu überzeugen. Zur Qualitätssicherung werden solche Einträge bei WIKIPEDIA inzwischen moderiert und können nicht mehr beliebig umgeschrieben werden. Die deutschsprachige Version von WIKIPEDIA setzt mittlerweile auch bei weniger kontroversen Themen auf Moderatoren und hat sich damit ein Stück weit vom radikal offenen Urmodell der englischsprachigen WIKIPEDIA verabschiedet.

Vermutlich ist eines der grössten Verdienste von WIKIPEDIA, dass es unser Misstrauen geweckt hat. Bloss sollte dieses Misstrauen nicht WIKIPEDIA als Online-Lexikon gelten, sondern dem Konzept von objektiven Wahrheiten. Trauen Sie WIKIPEDIA ruhig, jedoch stets mit einer gesunden Skepsis. Derselben Skepsis, die Sie hoffentlich auch jeder anderen Information entgegenbringen, die an Sie herangetragen wird.

Soll ich die grosse Liebe im Netz suchen?

Mama, erzähl doch mal, wie du und Papa euch kennen gelernt habt. Die Frage ist so alt wie die kindliche Neugier. Jetzt, da sich die Internetgeneration fortpflanzt, werden die Antworten langweiliger. Immer mehr Eltern werden ihren Kindern antworten: im Internet. Die Kinder werden es zur Kenntnis nehmen und nicht weiter nachfragen. Weil: Ist ja langweilig. Ganz normal. In der Schweiz hat jeder und jede Siebte schon einmal eine Partnerin über das Internet gefunden, in Deutschland gar jeder Fünfte. Ganz in der Normalität ist die Partnersuche über das Internet noch nicht angekommen. Sie befindet sich in einer Übergangsphase. Die Hemmschwelle ist gesunken, jeder und jede zweite Single hierzulande hat es schon ausprobiert. Und doch hängt ihr noch ein negatives Image an. Wer im Internet nach einem Partner oder einer Partnerin Ausschau hält, muss ziemlich verzweifelt sein. Dort treffen sich jene, die im richtigen Leben bislang erfolglos geblieben sind. Die Partnerbörse im Netz ist der Wühltisch des Singlemarktes. Sagen die Skeptiker.

Der Realität entspricht dies schon länger nicht mehr. Das Internet ist ein ganz normaler Teil unseres Alltags geworden, ganz normale Menschen (so normal es halt geht) bewegen sich darin und suchen nun auch dort nach Partnern. Wenn man nicht gerade eine Partnerbörse wie Rubensfan («für dicke Frauen und ihre Bewunderer») oder das Heiratsportal für Katholiken zum Massstab nimmt, so entspricht die Klientel einer Online-Partnerbörse wohl dem Durchschnitt der Bevölkerung. Damit fällt der wichtigste Grund weg, der lange Zeit gegen Online-Partnerbörsen gesprochen hat: die Anhäufung schlechter Risiken, wie es ein Versicherungsfachmann bezeichnen würde.

Die Vorteile einer Partnersuche über das Netz liegen auf der Hand. Ich kann sagen, was ich suche, und die Maschine sortiert für mich vor, wer überhaupt in Frage kommt. Falsche Hoffnungen (der Klassiker: grosse Liebe versus ungezwungene Affäre) und böse Überraschungen («meine grösste Liebe gilt Jesus Christus») werden so automatisch eliminiert, gleichzeitig findet die Datenbank interessante Menschen, denen ich nicht sofort ansehen würde, wie gut sie zu mir passen. Und das mit immer ausgefeilteren Methoden. Persönlichkeitstests gibt es schon lange, heute werden potenzielle Paare auch auf Grund von Duftprofilen oder passenden Genen mit einander bekannt gemacht.

Man erspart sich viel Zeit und Nerven, indem man auf das *trial and error* verzichten kann, um das man beim ersten Schritt in der freien Wildbahn nicht herumkommt. Es muss mir auch erst mal jemand die Bar zeigen, in der ich auf einen Schlag auf zehn Frauen treffe, die potenziell gut zu mir passen würden (und – falls mir jemand diese Bar zeigt – wie ich die alle gleichzeitig näher kennenlerne, ohne es mir gleich bei allen zu verspielen).

Alles gute Argumente; hinzu kommt der *priceless*-Faktor: einmal ein gutes Foto von sich ins Profil stellen und danach in Trainerhose und Schlabbershirt flirten.

Es spricht also nichts dagegen, die Partnersuche zumindest auf den virtuellen Raum auszuweiten. Im Gegenteil, die pragmatischen Gründe dafür sind geradezu bestechend. Nur eines muss man in Kauf nehmen: dass man gnadenlos verkuppelt wird. Ein Algorithmus sortiert für einen die möglichen Partnerinnen vor und organisiert die erste virtuelle Begegnung. Die Magie der zufälligen Begegnung, bei der zwei Menschen von sich aus spüren, dass das etwas werden könnte, sie wird eliminiert.

Die Partnersuche übers Netz ist radikal pragmatisch – nichts mit Liebe auf den ersten Klick. Natürlich möchte man in der Liebe idealerweise finden, ohne zu suchen. Das ist letztlich nichts weiter als eine romantische Spitzfindigkeit. Auf der Partnerbörse möchte man primär eins: finden. Wer eine Beziehung möchte, für den ist das Ziel das Ziel. Warum sollte der Weg dorthin nicht auch über das Netz gehen? Schwer genug ist er ohnehin.

Wie halte ich eine fatal fehlgeleitete Nachricht auf?

Würde Shakespeare noch leben, er fände den Stoff für seine Stücke in Situationen wie diesen. Die grossen Tragödien der digitalen Zeit beginnen mit einer Nachricht, die, anders als bei Romeo und Julia, den Empfänger rechtzeitig erreicht, allerdings den falschen.

Es braucht einen kleinen Moment der Unachtsamkeit nur, und das Unheil nimmt seinen Lauf, sprintenderweise. Da beichtet man seinem besten Freund, dass man fremdgegangen ist. Und schickt das SMS an die betrogene Ehefrau. Man lästert im SKYPE-Chat mit einem Kollegen über einen gemeinsamen Bekannten. Und tippt das vernichtendste Urteil ins falsche Chat-Fenster. Wo man mit besagtem Bekannten gerade einen Termin vereinbart. Oder man antwortet dem Arbeitskollegen, der die Einladung zum Firmenessen verschickt hat, dass man sich schon darauf freue, sich auf Firmenkosten die Kante zu geben und den hässlichen Hund des Chefs zu vergiften. Und erwischt die Funktion *reply to all*. Wir alle haben solche unangenehme Momente schon erlebt. (Sie nicht? Dann haben Sie es einfach nicht gemerkt. Immerhin wissen Sie nun, warum Ihr letzter Partner Sie aus heiterem Himmel verlassen hat. Bitte, gern geschehen.)

Ein Glück, gibt es ein einfaches Patentrezept, wie man auf solche Malheurs reagiert. Gegeben sei also die Situation, dass Sie gerade eine delikate Nachricht an die falsche Person (oder eine ganze Belegschaft falscher Personen) verschickt haben. Sie haben das gerade realisiert, zu spät freilich. Wenn Sie tauschen könnten, würden Sie nun lieber im Antilopenkostüm in einem Löwenkäfig sitzen. Folgendes ist zu tun: Sie reissen sich das Hemd von der Brust, reissen das Fenster auf, strecken einen Arm mit geballter Faust aus. Dann fliegen sie mit doppelter Lichtgeschwindigkeit davon, stürzen alle Mobilfunkantennen um, verknoten die Internet-Tiefseekabel und schliessen sämtliche Hochspannungsleitungen kurz. Die Nachricht wird ihr Ziel nie erreichen. Fliegen Sie zurück und tun Sie, als wäre nichts gewesen.

Sollte dieses Standardvorgehen einmal aus irgendwelchen Gründen nicht durchführbar sein, müssen Sie improvisieren. Konkret heisst das: Sie sind geliefert. Sie können jetzt entweder demütigst zu Kreuze kriechen. Oder sich direkt ins Schwert stürzen. Shakespeare hätte seine Freude daran. So oder so.

Das Besserwisser-Glossar

Was ist der Unterschied zwischen einer Website und einer Homepage?
Keiner, glauben viele Menschen. Sie verwenden die beiden Worte synonym, wenn sie die Präsenz einer Person, Institution oder Firma im Netz meinen. In 95 Prozent aller Fälle wird Homepage falsch oder nur zufällig richtig verwendet. Die Homepage ist die Startseite einer Website, und damit ein kleiner Teil ebendieser (die klassisch gebildeten Humanisten werden an diesem Punkt einwenden, dass Homepage damit als pars pro toto eine korrekte Beschreibung einer Website ist. Stimmt, ihr Streber. Lest jetzt Ovids *Metamorphosen* weiter.). Wenn Sie im Browser beispielsweise davidbauer.ch eintippen (was eine besonders gute Idee ist – denn das sollten Sie wirklich mal tun), landen Sie auf einer Homepage und somit auch auf einer Website. Sobald Sie sich aber weiter durch meine Web-Präsenz klicken, verlassen Sie die Homepage und bewegen sich auf der Website. Via GOOGLE findet man eine ganze Reihe von Anbietern, die einem für wenig Geld eine eigene Homepage offerieren. Wie ein Immobilienmakler, der Ihnen verspricht, den Traum von der eigenen Haustüre wahr zu machen.

Für Streber: *Ebenfalls gerne verwendet wird das Wort Webseite, das zwar nur eine halbe Übersetzung von Website ist, dafür ganz falsch. Denn das Site in Web-site meint eben gerade nicht eine einzelne Seite (wie in Homepage), sondern wörtlich ein Gelände.*

Was ist der Unterschied zwischen dem Internet und dem World Wide Web?
Noch so ein Pars-pro-Toto-Problem. Wir meinen meistens das World Wide Web, wenn wir sagen: «Ich gehe ins Internet.» Das Internet indes ist viel grösser als das www – und existiert auch schon deutlich länger (seine Ursprünge, dies kurz dazwischen-

kluggeschissen, gehen bis 1969 zurück, das WWW entstand erst vor zwanzig Jahren). Das Internet bezeichnet die gesamte Infrastruktur, die durch die weltweite Vernetzung von Computern und Servern entstanden ist. Typische Anwendungen des Internet sind E-Mail, Internettelefonie, Filesharing – und eben das www. Dieses bezeichnet die Gesamtheit alles Websites (nicht Homepages, wir erinnern uns) und aus Nutzersicht all das, was im Browser stattfindet (falls Sie nicht wissen, was ein Browser ist, dann ist es in Ihrem Fall dieser Internet Explorer. Der insofern ein Etikettenschwindel ist, als Sie mit ihm eben gerade nicht das Internet, sondern nur das WWW erkunden können). Zur Verwirrung trägt die deutsche Sprache bei, die beides jeweils zum «Netz» verkürzt. Das Web ist zu Deutsch damit ein Netz im grösseren Netz namens Internet. Wer es einfach haben will, spricht also konsequent deutsch vom Netz und kaschiert, dass er nicht so richtig weiss, welches von beiden nun gemeint ist.

Für Streber: *Vorsicht bei der* RICOLA-*Adaption auf das Netz. «Wer hat's erfunden? – die Schweizer» gilt nicht für das Internet. Beim World Wide Web kann man immerhin sagen, dass es in der Schweiz erfunden wurde. Vom britischen Informatiker Tim Berners-Lee am* CERN *in Genf.*

Was ist der Unterschied zwischen einem Virus und einem Wurm?
Wie im eigenen Körper sind Viren und Würmer auf dem Computer beide unwillkommene Gäste. Sie nisten sich im System ein und tun Dinge, die der Nutzer nicht will, und können, je nachdem, zu welchem Zweck sie programmiert wurden, mittleren bis grossen Schaden anrichten. Doch nur weil beide ärgerlich sind und Ähnliches anrichten, heisst das natürlich nicht, dass der Klugscheisser von Welt sie nicht zu unterscheiden weiss. Viren und Würmer funktionieren grundlegend verschieden. Der Virus ist ein Programm, das sich an andere Dateien und Programme

anhängt, so dass er ebenfalls gestartet wird, wenn das Programm, der Wirt, ausgeführt wird. Damit der Virus arbeiten und sich weiter verbreiten kann, ist er damit immer auf die Hilfe eines Computernutzers angewiesen, der ein infiziertes Programm startet (etwa eine lustige Powerpoint-Präsentation im E-Mail-Anhang oder das vermeintliche Sextape von Paris Hilton aus einer Tauschbörse). Der Wurm dagegen windet sich von alleine in fremde Systeme. Er sucht sich Sicherheitslücken in Netzwerken oder Betriebssystemen, durch die er unbemerkt hineinkriechen kann. Entsprechend unterschiedlich schützt man sich vor Viren und Würmern. Würmer können mit einem dichten Firewall ferngehalten werden, Viren mit Vorsicht beim Öffnen von fremden Dateien und einem Antivirenprogramm.

Für Streber: *Der Trojaner, den es ebenfalls von Viren und Würmern zu unterscheiden gilt, ist eine verkehrte Metapher. Der Trojaner ist ein scheinbar nützliches Programm, das aber im Hintergrund Funktionen ausführt, die dem Nutzer verborgen bleiben und schädlich sein können. In der griechischen Mythologie dagegen sind die Trojaner nirgendwo eingedrungen, im Gegenteil: Die Griechen haben mithilfe des Trojanischen Pferds die Trojaner besiegt.*

Was ist der Unterschied zwischen Spam und Scam?
Nun, ein Buchstabe. Und die Tatsache, dass Scam Betrug bedeutet, Spam dagegen gewürzter Schinken. In der Online-Welt, der beide Begriffe ihre Bekanntheit schulden, sind Spam und Scam zunächst einmal beides Nachrichten von unbekannten Absendern, die unaufgefordert im Posteingang landen. Während Spam der Verbreitung von Werbebotschaften (und von Poesie, *siehe:* «Warum verschwindet Spam eigentlich nie?») dient, verfolgt Scam eindeutig betrügerische Absichten. In aller Regel hat ein nigerianischer Buchhalter auf einem Konto mehrere Millionen Dollar entdeckt, die er freundlicherweise ausgerechnet mit dem Mail-

empfänger teilen möchte – sofern dieser ihm ein paar tausend
Dollar vorschiesst, damit er alles Nötige in die Wege leiten kann.
Die Differenzierung zwischen Spam und Scam sollte freilich
niemanden dazu verleiten, in Russland V1a9ra zu bestellen, mit
der Überzeugung, dabei nicht betrogen zu werden.

Für Streber: *Besonders Gewiefte haben sich einen Sport daraus gemacht, den Spiess bei Scam-Mails umzudrehen. Bei der als «scam baiting» (bait = Köder) bekannten Methode gibt sich der Empfänger von Scam als leichtgläubiger Interessent und damit potenzielles Opfer aus. Hat er sich das Vertrauen des «scammers» erschlichen, versucht er seinerseits, diesen mit windigen Argumenten zu einer Vorabzahlung zu bewegen.*

Was ist der Unterschied zwischen WLAN und Wi-Fi?
Gäbe es Wi-Fi nicht, hätte WLAN heute vermutlich ein Problem.
Gemeinhin werden beide Begriffe verwendet, um ein drahtloses
Netz zu beschreiben, das Computern und anderen Geräten Zugang zum Internet ermöglicht. Tatsächlich trifft dies aber nur
auf das WLAN, kurz für Wireless Local Area Network, zu. Wi-Fi
dagegen ist ein Zertifikat, das bestätigt, dass ein bestimmtes
Produkt dem IEEE-802.11-Standard für die Kommunikation in
Funknetzwerken entspricht. Vergeben wird das Zertifikat von
der Wi-Fi Alliance, der alle grossen Computer- und Handyhersteller sowie viele Mobilfunkanbieter angeschlossen sind. Der
Käufer erhält so eine Garantie, dass sein Gerät mit allen üblichen
WLANs funktioniert.

Für Streber: *Der Begriff Wi-Fi wird von vielen so interpretiert, dass er die Abkürzung von Wireless Fidelity sei, angelehnt an High Fidelity, den Qualitätsstandard bei Stereoanlagen. Tatsächlich steht der Begriff für gar nichts, ist ein reiner Kunstbegriff. Erfunden hat ihn die Branding-Agentur* INTERBRAND *im Auftrag der Wi-Fi Alliance, die damals natürlich noch anders hiess, nämlich Wireless Ethernet Compatibility Alliance.*

Was ist der Unterschied zwischen einer Domain und einer URL?
Viele Menschen kommen gar nicht dazu, die beiden Begriffe durcheinanderzubringen. Denn was da oben im Browserfenster steht, das ist doch einfach die Internetadresse. Korrekt gesprochen handelt es sich bei dieser Adresse um die URL, kurz für Uniform Resource Locator, sie verortet einen Inhalt exakt im Internet, damit der Computer weiss, was er aufrufen soll. http:// www.davidbauer.ch/about ist eine URL. Entfernt man den Hinweis auf das Netzwerkprotokoll (http://) und das Unterverzeichnis (about), so bleibt die Domain übrig. Sie verortet einen einzelnen Rechner im Internet. Die Domain ihrerseits ist hierarchisch gegliedert, von rechts nach links. Die Top-Level-Domain (.ch im Beispiel) sorgt für die Kategorisierung auf oberster Ebene (nach Land beispielsweise oder nach Art des Betreibers wie .com für Firmen und .org für nichtkommerzielle Organisationen). Die Second-Level-Domain (davidbauer) kennzeichnet normalerweise den Betreiber des Angebots. Weiter links lassen sich Domains mit sogenannten Subdomains beliebig lang erweitern, wobei www. mit Abstand am häufigsten vorkommt und andeutet, dass es sich beim Angebot um eine Website handelt (die Subdomain mail. dagegen weist beispielsweise auf einen Mailserver hin, en. oft auf die englische Übersetzung einer anderssprachigen Website).

Für Streber: *Die Zahl der Top-Level-Domains wurde im Laufe der Zeit stets erweitert. So gibt es heute beispielsweise .mil für militärische Einrichtungen in den USA, .cat für Websites, die der Förderung der katalanischen Sprache dienen, oder .museum für, nun ja, Museen. Gleichzeitig haben verschiedene kleine Länder ihre Kennzeichnung zweckentfremdet und entsprechend vermarktet, etwa Tuvalu (.tv) für Fernsehstationen, die Föderierten Nationen von Mikronesien (.fm) für Radiostationen oder Laos (.la) für Angebote aus Los Angeles.*

Abkürzungen, die man kennen muss

asap — **verwendet:** in E-Mails mit Anweisungen, ToDo-Listen
steht für: As soon as possible
bedeutet: Es ist mir egal, wann es dir möglich ist, ich will es sofort. (Und in der Antwort: Ich kümmere mich sobald als möglich darum, also rechne besser nicht damit.)

fyi — **verwendet:** als Kommentar zu weitergeleiteten Informationen
steht für: For your information
bedeutet: Meine Hochstell-Taste klemmt – und überhaupt ist mir z. K. zu deutsch.

NSFW — **verwendet:** zur Kennzeichnung von Links, Videos, E-Mail-Anhängen
steht für: Not safe for work
bedeutet: Am Arbeitsplatz nicht öffnen, könnte peinlich werden. Privat auch nicht öffnen, ist reine Zeitverschwendung.

WTF, gerne auch WTF?!? — **verwendet:** als Kommentar zu allem Möglichen
steht für: What the fuck
bedeutet: Ich bin total gekünstelt empört.
Mir fällt kein kluger Kommentar ein, ich will mich aber wichtig machen.

**(genannt Hashtag)** — **verwendet:** in TWITTER-Meldungen, vermehrt auch in anderen Kurznachrichten
steht für: Schlagwort
bedeutet: Nachfolgendes Wort sei für den Archivar festgehalten, damit er die Meldung im digitalen Nirwana ablegen kann.

+1 — **verwendet:** als Kürzestkommentar in Foren und Blogs
steht für: einer mehr
bedeutet: Ich schliesse mich meinem Vorredner uneingeschränkt, aber platzsparend an.

LOL — **verwendet:** als Grussformel in Kurznachrichten
steht für: Lots of love
bedeutet: Freundliche Grüsse.

LOL — **verwendet:** als Kommentar zu allem Möglichen
steht für: Laughing out loud
bedeutet: Haha.

ROFLMAO — **verwendet:** als Kommentar zu allem Möglichen
steht für: Rolling on the floor, laughing my ass off
bedeutet: Haha.

IMHO — **verwendet:** zur Einleitung oder Abrundung eines Kommentars in Foren und Blogs
steht für: In my humble opinion
bedeutet: Meine Meinung ist total wichtig, ich gebe mich aber präventiv bescheiden, falls mir jemand widerspricht.

OMG, gerne auch OMG!?! — **verwendet:** als Kommentar zu allem Möglichen
steht für: Oh my God
bedeutet: Ich bin die leicht hysterische Schwester von WTF?!?

Labatyd (sprich: La-Ba-Teid) — **verwendet:** als lakonische Bemerkung in Kurznachrichten und Foren
steht für: Life's a bitch, and then you die
bedeutet: Ich habe die Welt verstanden. Und kann es sogar noch cool formulieren, bitch!

Wo kann ich mich von dem ganzen Technikwahnsinn erholen?

Vielleicht gibt es die Diagnose bereits, sonst muss man sie bald definieren: den digitalen Wahnsinn. Mit gutem Grund haben wir die Technik in unser Leben gelassen. Doch nun ergreift sie mehr Besitz von uns, als uns lieb sein kann. Wir haben Maschinen zu unseren Dienern gemacht und übersehen, dass wir uns selbst unterworfen haben. Wir können nicht mehr ohne, denken viel zu oft an Handy, iPod und Internet. Weil wir nicht mehr loslassen, werden wir zu Getriebenen, rasend vor digitalem Wahnsinn.

Es ist dringend nötig, dass wir von Zeit zu Zeit entfliehen. Uns zur Flucht ins Analoge zwingen. Die Flucht führt nur über Wille und Disziplin, ist eine Art Zen-Übung. Die Herausforderung besteht darin, sich komplett auszuloggen aus dem digitalen Alltag. Ohne ständig daran zu denken, was wir wohl gerade verpassen. Das halbe Abschalten funktioniert genau deshalb nicht. Man bekommt dann gerade genug mit, um zu sehen, was man alles verpasst. Und dahin ist es mit der Erholung. Wagen Sie die komplette Auszeit! So viel sei hier als Mutmacher verraten: Sie werden nichts Weltbewegendes verpassen.

Das Naheliegendste und praktischerweise auch am nächsten gelegene Refugium ist unser eigener Kopf, eine Welt voller Gedanken, die ganz ohne Technik auskommt. Wenn wir wollen, sind unsere Gedanken eine ganz persönliche Wellness-Oase inmitten einer Welt, deren digitales Grundrauschen nie mehr verstummt. Einfach abschalten, in sich selber zurückziehen. In unserem so durchtechnisierten Umfeld ist das allerdings sehr anspruchsvoll. Ständig klingelt irgendwo ein Handy, hackt einer auf seine Laptop-Tastatur ein und überall buhlen elektronische Botschaften um unsere Aufmerksamkeit.

Der wahre Zen-Meister findet überall seine Ruhe. Uns Anfängern sei es jedoch erlaubt, ein wenig nachzuhelfen. Indem wir Orte aufsuchen, wo der technische Alltag weit weg ist. Orte, die so atemraubend sind (und die Roaming-Tarife gleich dazu), dass Handy und Internet das Letzte sind, woran wir in dem Moment denken werden. Einige Anregungen.

— Gehen Sie auf Trekkingtour durch Westnepal, von Jumla nach Simikot etwa. Diese Gegend ist dünn besiedelt und von äusseren Einflüssen wenig berührt. Handyempfang haben Sie keinen, dafür warten Berglandschaften, türkisblaue Flüsse und eine Tierwelt mit Moschusochsen, roten Pandas und Blauschafen.

— Erkunden Sie mit dem Kajak die Pazifikgewässer um Queen Charlotte Islands, vor der Westküste Kanadas gelegen. Früher haben in dieser Gegend Haida-Indianer gelebt, heute gibt es nur noch Bären, Biber und Adler. Auf einsamen Inseln, in Fjorden und im Regenwald ist die durchtechnisierte Zivilisation weit weg.

— Durchqueren Sie mit dem Mountainbike die Sinai-Wüste in Ägypten. Schweisstreibende Fahrten durch karge Landschaften lassen Sie tagsüber jede Technik vergessen, sternenklare Nächte regen dazu an, die Gedanken schweifen zu lassen.

— Erforschen Sie die Schnee- und Eislandschaften von Alaska oder Lappland mit einem Hundeschlitten. Lassen Sie den Nordwind um Ihre Ohren pfeifen und vertreiben Sie so das digitale Grundrauschen. Verschiedene Anbieter organisieren solche Touren, auch für Stadtaffen ohne Erfahrung mit Schlittenhunden.

— Bahnen Sie sich mit einem Geländefahrzeug inklusive Dachzelt Ihren Weg durch den Etosha-Nationalpark im Norden Namibias und erleben Sie die afrikanische Tierwelt, wie Sie sie sonst nur aus dem Zoo kennen. Sie selber brechen gleichzeitig aus dem Gehege Ihres persönlichen Technoparks aus.

— Gehen Sie auf Polarmeer-Expedition an Bord eines Eisbrechers. Luxus suchen Sie dort vergebens, dafür werden die den Luxus der totalen Abwesenheit von Zivilisation erleben. Wenn sich das Schiff krachend seinen Weg durch die dicken Eisschichten bahnt, spüren Sie ganz physisch, was es bedeutet, aus dem starren Technikalltag auszubrechen.

— Wenn Ihnen das alles zu aufwändig oder zu teuer ist, machen Sie sich auf einen ausgedehnten Spaziergang im nächstgelegenen Wald. Brechen Sie früh am Morgen auf und kehren Sie erst wieder zurück, wenn es eindunkelt. Das Handy bleibt selbstverständlich zu Hause, Fotoapparat und iPod ebenso. Nur eine Trinkflasche und etwas Proviant sollten Sie nicht vergessen.

Suchen Sie sich aus, was Ihnen zusagt. Oder gehen Sie ganz woanders hin. Aber gehen Sie. Und zwar so weit weg, wie es nötig ist (das heisst für die meisten Menschen: sehr weit weg). Nehmen Sie ein Notizbuch mit, schreiben und zeichnen Sie. Saugen Sie Eindrücke auf und speichern Sie sie als Erinnerungen. Mehr brauchen Sie nicht, mehr sollen Sie nicht mitnehmen auf die Flucht vor dem digitalen Wahnsinn. Sie werden sich einsam fühlen, von der Welt abgeschnitten. Geniessen Sie es.

Leben und Überleben
Seite 15 bis 44

Gut und Böse
Seite 45 bis 80

Stil und Anstand
Seite 81 bis 104

Rat und Tat
Seite 105 bis 132

Sein und Selbst
Seite 133 bis 162

Trends und Zukunft
Seite 163 bis 194

Ist GOOGLE böse?

Don't be evil. Sei nicht böse. Gutes lässt der inoffizielle Slogan der Firma GOOGLE nicht erahnen. Wer sich selber daran erinnern muss, nichts Böses zu tun, der weiss, dass er es könnte. Und spürt die Verlockungen.

GOOGLE findet sich bereits in den Erzählungen von J.R.R. Tolkien, die nach dem Zweiten Weltkrieg veröffentlicht wurden. GOOGLE ist Sméagol, diese liebenswürdige Kreatur in *Herr der Ringe,* die gegen ihr böses Alter Ego Gollum ankämpft und im schizophrenen Zwiegespräch verzweifelt nach einer Lösung sucht: Soll ich den Menschen, die mir vertrauen, helfen? Oder soll ich sie täuschen und hintergehen? «Mein Schatz» ist es, der das Böse in Sméagol herauskehrt, die unbändige Gier, diesen Schatz zu besitzen, einen Ring, der kein gewöhnlicher Ring ist, sondern «ein Ring, sie zu knechten, sie alle zu finden, ins Dunkel zu treiben und ewig zu binden».

GOOGLES Schatz ist die Information. Alle Information dieser Welt. Das Verlangen danach drückt sich unmissverständlich im ersten Satz des Unternehmensprofils aus. «Das Ziel von GOOGLE besteht darin, die auf der Welt vorhandenen Informationen zu organisieren und allgemein zugänglich und nutzbar zu machen.» Aus Information lässt sich Wissen schmieden, Wissen ist der Schlüssel zur Macht. Ein Ring, sie zu knechten.

Zunächst muss gesagt werden, dass GOOGLE in den zwölf Jahren seines Bestehens den Menschen auf der ganzen Welt viel Gutes gebracht hat und heute ein tragender Pfeiler der Informationsgesellschaft ist. Ohne die geniale Suchmaschine würden wir viele Informationen nicht finden oder müssten lange nach ihnen suchen. Mit Kalender, Mailprogramm und Textverarbeitung erleichtert uns GOOGLE täglich die Arbeit, mit Maps weist uns GOOGLE auf der ganzen Welt den Weg. Und das ist nur ein kleiner Teil dessen, was GOOGLE anbietet. Alles kostenlos.

All diese Vorteile und Annehmlichkeiten haben ihren Preis. Wir haben zugelassen, dass GOOGLE sich als Mittler zwischen uns und die Information geschaltet hat. Und wir haben stillschweigend eingewilligt, dass GOOGLE ein sehr scharfes Nutzerprofil von uns erstellt.

Indem GOOGLE für uns Informationen zusammensucht, wird die Maschine zum Flaschenhals. Der Algorithmus der Suchmaschine bestimmt darüber, welche Information Gewicht erhält und welche gar nicht in unser Blickfeld kommt. Indem GOOGLE unseren Informationszufluss kontrolliert, prägt es unser Weltbild – die Formel, nach der es das tut, bekommt niemand zu sehen. Dass nicht manipuliert wird, müssen wir einfach glauben. Wie manipuliert wird, hat GOOGLE in China gezeigt, wo es jahrelang dafür gesorgt hat, dass das Tian'anmen-Massaker keinem Internetnutzer in Erinnerung gerufen wurde. Auch die Suchresultate, die wir sehen, sind nicht frei von Manipulation. In den Bereichen, wo GOOGLE selber Inhalte anbietet, etwa Videos oder Ortsinformationen, werden diese von der Suchmaschine gegenüber Konkurrenzangeboten bevorzugt.

Wann immer wir GOOGLE nutzen, füttern wir die Firma mit Informationen über uns und unser Verhalten. Neun Monate lang speichert GOOGLE unter der IP-Adresse unseres Rechners, wonach wir suchen, worauf wir klicken, wem wir E-Mails schreiben. Damit verdient GOOGLE sein Geld, indem es passgenaue Werbung verkaufen kann. Mit diesen Daten lässt sich aber noch eine Menge mehr anstellen. Was, wenn GOOGLE dereinst Ihrem Vermieter meldet, dass Sie verdächtig oft nach Kleinkrediten suchen? Was, wenn GOOGLE Sie der Polizei meldet, weil Sie sich regelmässig spätnachts in Hinterhöfen via Handy einloggen? Was, wenn der GOOGLE-Algorithmus bei der Krankenkasse Alarm schlägt, weil Ihr gesamtes Nutzungsverhalten darauf hindeutet, dass Sie einen ungesunden Lebensstil pflegen? *(Siehe: «Steuern wir auf die totale Überwachung zu?»)*

Der Preis ist hoch.

GOOGLE weist solche Spekulationen weit von sich. Natürlich. Beruhigen sollte uns das nicht. Die Firma hat sich in der Vergangenheit stets am Machbaren orientiert und mit ihrem bisweilen forschen Vorgehen zu verstehen gegeben: Was wir für gut und richtig halten, machen wir auch. *Don't be evil.*

GOOGLE ist nicht böse. Aber GOOGLE ist eine der mächtigsten Firmen der Welt, die in Zukunft noch mächtiger werden wird. Wir wissen nicht, wie die Firma mit ihrer immer weiter wachsenden Verantwortung umgehen wird. Willst du den Charakter eines Menschen erkennen, so gib ihm Macht, hatte Abraham Lincoln einst gemahnt.

Für Sméagol nimmt die Geschichte ein böses Ende. Die Gier ist stärker als der gute Kern der Kreatur. Die absolute Herrschaft erlangt er aber nicht. Mitsamt dem Ring stürzt er in den Abgrund, in den Feuerschlund des Schwarzen Lands Mordor. Es ist zu hoffen, dass GOOGLE sein Verlangen nach dem Ring zügeln kann. Wenn GOOGLE mit dem Ring in den Abgrund stützt, reisst es uns alle mit.

Was weiss FACEBOOK über uns?

Viel. Sehr viel. Mehr als die meisten Menschen in unserem Umfeld über uns wissen. Was FACEBOOK über uns weiss, ist letztlich aber unerheblich. Entscheidend ist, was es mit dem Wissen anstellt und mit wem es dieses teilt. Gehen wir der Reihe nach.

FACEBOOK weiss auf zwei Ebenen Bescheid über uns. Es verfügt über Wissen über einzelne Personen und über Verbindungen zwischen Personen. Zusammen ergibt dies ein dicht gewobenes Netz an Informationen, bei dem sowohl die Knotenpunkte (die einzelnen Menschen) wie auch die Stränge dazwischen (ihre Verbindungen) vor Datenmaterial nur so strotzen. Der gerne als

Datenkrake verschriene Suchmaschinenriese GOOGLE würde sich glücklich schätzen, wenn er so viel über uns Menschen wüsste wie FACEBOOK.

Selbst wer sich bei FACEBOOK nie angemeldet hat, ist im Netzwerk erfasst. FACEBOOK nutzt die Bequemlichkeit und die Sorglosigkeit seiner Mitglieder aus, um Daten über Nicht-Mitglieder zu sammeln. FACEBOOK animiert seine Nutzer dazu, ihr persönliches Adressbuch bei FACEBOOK hochzuladen, um so leichter Bekannte zu finden, die ebenfalls beim Netzwerk angemeldet sind. Bei diesem Vorgang werden von allen Kontakten im Adressbuch Daten bei FACEBOOK gespeichert – Name, Telefonnummer, E-Mail-Adresse. Damit sind sie als Datenpunkt im FACEBOOK-Universum erfasst. Wer so von fünf verschiedenen Bekannten FACEBOOK ausgeliefert wird, ist innerhalb des Netzwerks sozial bereits ziemlich genau verortet. Das zeigt sich spätestens dann, wenn sich ein Nicht-Nutzer doch entschliesst, FACEBOOK beizutreten und dieses ihm bereits treffsicher Freunde und Bekannte anzeigt.

Die meisten von uns statten FACEBOOK bereitwillig selber mit Informationen aus. Wir schreiben in unser Profil, wo wir wohnen, wann wir Geburtstag haben, wo wir studiert haben, welche Musik und welche Bücher wir mögen und mitunter vieles mehr. Wir laden Fotos von uns hoch, schreiben in Statusmeldungen, was wir gerade tun und was uns gerade bewegt. FACEBOOK kennt unseren Namen, kennt unsere Freunde, weiss, wie wir aussehen, und merkt sich alles, was wir je auf FACEBOOK von uns preisgegeben haben. Selbstredend merkt sich FACEBOOK auch, wie oft, wie lange und zu welcher Tages- oder Nachtzeit wir uns einloggen. Kurzum: FACEBOOK weiss, wer wir sind. Und damit nicht genug. FACEBOOK kennt unser soziales Umfeld und unsere Rolle darin. Es weiss, mit wem wir besonders viele Freunde gemein haben, es weiss, mit wem wir durch die Arbeit, durch Familienbande oder den gleichen Musikgeschmack verbunden sind. Es weiss, mit wem wir in die Ferien fahren, weil wir auf den gleichen Fotos markiert sind. Und es registriert, mit wem wir wie oft auf FACEBOOK interagieren. Auch damit nicht genug. Weil FACEBOOK inzwischen im ganzen Netz präsent ist (indem man Inhalte *liken* oder sich mit dem eigenen Profil auf anderen Websites einloggen kann), weiss FACEBOOK auch, wo wir uns im Netz bewegen und wofür wir uns interessieren.

Das sind ganz schön viele, ganz schön persönliche Informationen. Genau deshalb sind sie so wertvoll. Sie machen FACEBOOK bei Werbekunden sehr attraktiv. Wenn Coldplay in Bern ein Konzert spielen, kann der Veranstalter bei all jenen FACEBOOK-Nutzern einen Hinweis einblenden lassen, die in der Schweiz wohnen und im Profil angeben, dass die Coldplay mögen. Ein Pizzakurier kann gezielt Single-Männer zwischen 18 und 29 in seiner Stadt bewerben. Und wenn eine Versicherung ein Spezialangebot für Studentinnen unter 25 bewerben will, erreicht sie bei FACEBOOK genau jene und niemanden sonst. Zielgruppen lassen sich beliebig präzise einengen – der Traum jedes Werbeplaners.

FACEBOOK nutzt sein Wissen auch für sich selber. Es kann seinen Nutzern basierend auf deren sozialem Netz Mitglieder vorschlagen, die sie kennen könnten, oder den *Newsfeed* verstärkt mit Neuigkeiten von Personen bestücken, mit denen sie besonders oft interagieren. Es ist eine Stärke von FACEBOOK, dass es sein Angebot auf jeden einzelnen Nutzer personalisieren kann – selbst wenn dieser FACEBOOK den Rücken kehren will. Wenn ich meinen Account deaktivieren möchte, sagt mir FACEBOOK, dass meine Freunde mich vermissen werden. Es wählt dazu vier Freunde aus meinem Netzwerk aus, die mir besonders nahe stehen, und zeigt mir, sofern vorhanden, jeweils ein Bild, auf dem wir beide zusammen zu sehen sind. Willst du wirklich deine Freunde im Stich lassen und dich in die soziale Isolation begeben?, so der Subtext.

Abgesehen davon, dass FACEBOOK Daten von Nicht-Nutzern sammelt und speichert, geht das alles in Ordnung. FACEBOOK ist nicht die Heilsarmee, sondern ein gewinnorientiertes Unternehmen, das sein Angebot nur deshalb kostenlos zur Verfügung stellt, weil es im Gegenzug Daten über seine Nutzer gewinnen und zu seinen Gunsten nutzen kann. Das ist der Deal, den wir eingehen.

Die kritische Frage lautet: Mit wem teilt FACEBOOK sein Wissen? FACEBOOK hat ein klares Interesse, möglichst viele Informationen über seine Nutzer mit Dritten und der Öffentlichkeit zu teilen. Für Partner, die so selber an wertvolle Daten kommen, ist FACEBOOK so attraktiver; wenn Suchmaschinen Informationen aus FACEBOOK finden können, werden noch mehr Leute auf die Seite gespült. Laut FACEBOOK-CEO Mark Zuckerberg gilt aber das eiserne Prinzip: «Wir teilen deine persönlichen Informationen mit niemandem ohne deine Zustimmung.» In Tat und Wahrheit bedeutet «Zustimmung» indes Verzicht auf Widerruf. Die Privatsphäre-Einstellungen sind so festgelegt, dass ein Grossteil der Informationen, darunter persönliche Statusmeldungen und Fotos, öffentlich zugänglich sind. Im Dezember 2009 hat FACEBOOK diesen neuen Standard allen Mitgliedern aufgezwungen, wer nicht einverstanden war, musste die Zustimmung widerrufen. Zuckerbergs Prinzip ist so ehrlich, wie wenn man jemanden splitternackt auf den Marktplatz stellt, ihm seine Kleider daneben legt und behauptet, er sei frei zu entscheiden, wie sehr er sich entblössen möchte.

Wir Nutzer müssen FACEBOOK aktiv verbieten, sein Wissen über uns zu teilen. Mehr noch: Wir müssen FACEBOOK sogar verbieten, dass unsere Freunde in unserem Namen einer Datenweitergabe zustimmen dürfen. Standardmässig gilt nämlich, dass sämtliche persönlichen Daten (mit Ausnahme von politischen und religiösen Ansichten) an einen Drittanbieter weitergeben werden, wenn auch nur einer unserer Freunde ein Programm wie Farmville nutzt oder eines dieser nervigen Quizzes ausfüllt. Selbst wenn man diesen Fremdzugriff unterbindet, werden Name, Profilfoto und Geschlecht ohne eigenes Zutun weitergegeben. Diese Informationen macht FACEBOOK immer öffentlich zugänglich.

So bereitwillig FACEBOOK persönliche Informationen mit Dritten teilt, mit jemandem teilt FACEBOOK seine Daten nicht so gerne: mit uns Nutzern. Chatprotokolle speichert die Seite beispielsweise drei Monate lang, wenn ich aber wissen möchte, worüber ich vor drei Tagen mit jemandem gechattet habe, lässt mich FACEBOOK im Stich. Ebenfalls wenig kooperativ zeigt sich FACEBOOK, wenn man das Netzwerk verlassen möchte. Ich kann alles, was ich jemals auf FACEBOOK veröffentlicht habe, löschen, aber nicht mitnehmen. Der Ehevertrag mit FACEBOOK ist knüppelhart: Wenn du gehst, bleibt dein ganzer Besitz hier.

Für gewöhnlich vertrauen wir Persönliches nur jenen an, denen wir vertrauen. FACEBOOK hat sich in der Vergangenheit alles andere als vertrauenswürdig verhalten. Es gilt FACEBOOK genau auf die Finger zu schauen. Auch wenn für viele Nutzer längst gilt: Vertrauen ist gut, Kontrolle ist besser, aber die Abhängigkeit ist am stärksten.

So schützen Sie Ihre Privatsphäre auf FACEBOOK

Nehmen Sie sich Zeit, Ihre Privatsphäre-Einstellungen Ihren Bedürfnissen anzupassen. Die Standard-Einstellungen sind ziemlich sicher nicht so, wie Sie es gerne hätten. Überprüfen Sie die Einstellungen jedes Mal, wenn Sie FACEBOOK über eine Neuerung informiert.

Füllen Sie Ihr Profil nicht wahllos mit Informationen, sondern nur solchen, von denen Sie sich einen konkreten Nutzen versprechen. Wenn Sie mit Leuten aus Ihrer Heimatstadt in Kontakt treten wollen, geben Sie diese an. Wenn Sie über Ihre Lieblingsband auf dem Laufenden bleiben wollen, geben Sie sie an. Wenn Sie Ihren Freunden zeigen wollen, wo Sie arbeiten, geben Sie es an.

Aktivieren Sie keine Applikationen oder Spiele, die Sie nicht unbedingt brauchen. Es mag vergnüglich sein, in einem Quiz herauszufinden, welchem Actionhelden Sie am ähnlichsten sind. Aber lohnt es sich, dafür dem Anbieter des Quiz eine ganze Reihe persönlicher Daten auszuhändigen?

Veröffentlichen Sie nur Dinge auf FACEBOOK, bei denen Sie damit leben können, wenn sie öffentlich werden. Es kann immer sein, dass FACEBOOK seine Bedingungen ändert oder dass Ihnen oder FACEBOOK ein Fehler unterläuft. Ausserdem ist FACEBOOK ein Netzwerk von Menschen – und Menschen erzählen Dinge weiter, Privatsphäre-Einstellungen hin oder her. *(Mehr Antworten zu FACEBOOK: «Was muss ich über FACEBOOK wissen?»)*

Erfordert die digitale Welt eine neue Ethik?

Die Ethik ist das Korrektiv, das den Menschen davon abhält, alles zu tun, was er tun könnte. Ein Korrektiv, das dem menschlichen Handeln moralische Leitplanken setzt. Die Ethik kommt immer dann um die Ecke, wenn der Mensch gedankenverloren drauflosstürzt, und wirft ein: Sollen wir das wirklich tun? Ist das, was daraus folgt, wirklich wünschenswert?

Technologischer Fortschritt gründet im Bestreben, die Grenzen des Machbaren auszudehnen. Gerade der rasante technologische Fortschritt der digitalen Welt orientiert sich am Machbaren. Die Frage nach dem Wünschenswerten wird nur im Kleinen gestellt, nämlich insoweit, als es darum geht, einzelne Probleme mit technischen Neuerungen zu lösen. Das Wünschenswerte im grossen Kontext, dem gesamtgesellschaftlichen, bleibt oftmals ausgeblendet. Wie sagte doch der amerikanische Mathematiker Norbert Wiener sehr treffend bereits über die frühen Rechenmaschinen: «Sie haben etwas von den Zauberern im Märchen. Sie geben einem wohl, was man sich wünscht, doch sagen sie einem nicht, was man sich wünschen soll.»

Zu behaupten, die digitale Welt erfordere eine neue Ethik, wäre dennoch verfehlt. Ganz einfach deshalb, weil es die entsprechende Ethik längst gibt. Es reicht, wenn wir sie uns wieder ins Bewusstsein holen und dafür sorgen, dass sie eine wichtigere Rolle erhält, wenn es darum geht, Entscheide zu fällen und zu beurteilen.

Spätestens am 6. August 1945 hat die Erkenntnis eingesetzt, dass technische Machbarkeit nicht der alleinige Massstab technologischen Fortschritts sein darf. Der Abwurf der Atombombe über Hiroshima hat der Welt auf grauenvolle Weise vor Augen geführt, was möglich ist, wenn das Wissen und das Können vom Sollen losgelöst werden. Wohl war es ein politischer Entscheid, die Bombe einzusetzen. Die Grundlagen dafür hat die Wissenschaft geschaffen.

Der deutsche Philosoph Jürgen Mittelstrass hat sich intensiv mit dem Dilemma des technischen Fortschritts befasst. In seinem Buch *Leonardo-Welt* beschreibt er jene Welt, die sich der Mensch mit technologischen Mitteln selber erschaffen hat, indem er mit Technik die Natur vervollständigt hat. Die *Leonardo-Welt,* angelehnt an den grossen Erfinder und Tüftler Leonardo da Vinci, ist die Welt als Werk des Menschen: «Es ist eine Welt, in der sich die Verfügungsgewalt des Menschen, gestützt auf den wissenschaftlichen und den technologischen Verstand, eindrucksvoll zum Ausdruck bringt.» Das Problem, so Mittelstrass, liegt darin, dass der Mensch dadurch, dass er seine Umwelt umformt, auch sich selber verändert. Er läuft dabei Gefahr, zum Gefangenen seiner eigenen Welt zu werden. Er ist dann nicht mehr in der Lage, dem Credo der *Leonardo-Welt* zu folgen, das da heisst: «Stelle Konstruktion und Entwicklung in den Dienst der Erhaltung und der Verbesserung der Lebensgrundlagen und des Lebens.» Der Mensch, ermahnt Mittelstrass, darf sich nicht von der technologischen Entwicklung treiben lassen, er muss sie aktiv steuern. Und dabei eine ethische Grundhaltung an den Tag legen, die sich auszeichnet durch «Augenmass, Selbstkritik, Wahrhaftigkeit, Aufklärung, den Willen zur Vernunft und Verantwortung». Der Mensch muss Wissen und Können immer am Sollen messen.

Dieser Grundgedanke muss vermehrt in die Diskussionen um derzeitigen und künftigen Fortschritt einfliessen. Fortschritt darf kein Selbstzweck sein, indem er die menschlichen Fähigkeiten unter Beweis stellt. Er darf vor allem nicht seine möglichen Folgen ausser Acht lassen. Es reicht hierfür nicht, gesinnungsethisch die gute Absicht des eigenen Handelns zu reklamieren. Gute Absichten sind eine schlechte Entschuldigung für böse Folgen. Die Konsequenzen menschlichen Handelns nimmt die Verantwortungsethik in den Blick. Daran gilt es technischen Fortschritt zu messen. Die digitale Welt braucht eine Ethik, die danach fragt, ob das, was wir tun, Wünschenswertes hervor- und mit sich bringt.

So können wir es uns nicht leisten, nicht genauer zu hinterfragen, was wir alles möglich machen, wenn persönliche Daten in immer grösserem Ausmass zentral gespeichert werden *(Siehe: «Steuern wir auf die totale Überwachung zu?»)*. Es ist unsere Verpflichtung, über die Folgen des digitalen Grabens nachzudenken, den der Fortschritt zwischen Armen und Reichen aufreisst *(Siehe: «Macht das Internet die Welt demokratischer?»)*. Wir müssen uns bewusst machen, welche Gefahren es mit sich bringt, wenn wir immer mehr Entscheide auf Algorithmen anstatt menschliches Urteilsvermögen abstützen *(Siehe: «Was wird in zehn Jahren sein?»)*. Das sind nur wenige Beispiele von ethischen Fragen, die sich in der digitalen Welt aufdrängen.

Die Schwierigkeit, gerade bei der Entwicklung modernster Technologie, besteht zweifelsohne darin, dass die möglichen Folgen selten absehbar sind. Vieles, was heute entwickelt wird, kann irgendwann missbraucht oder zum Bösen verwendet werden. Der Fortschritt käme sofort zum Erlahmen, wenn nichts vorangetrieben werden dürfte, das bei allen viel versprechenden Aussichten auch negative Konsequenzen haben könnte. Es ist nicht Aufgabe und Sinn der Ethik, abschliessend ja oder nein zu sagen, einmalig zu verurteilen oder den Segen zu erteilen. Damit der Mensch nicht in seiner selbst erschaffenen Leonardo-Welt zu Grunde geht, muss die Ethik ständige Begleiterin der technologischen Entwicklung sein, stets an die Verantwortung aller Beteiligen appellieren und fortwährend unbequeme Fragen stellen. Alle, die die digitale Welt der Zukunft mitgestalten, müssen sich diese Fragen stellen. Wenn sie es nicht selber tun, müssen wir sie ihnen stellen.

Sind Killerspiele tödlich?

Im Krieg, so heisst es, stirbt als Erstes die Wahrheit. In der virtuellen Kampfzone, so scheint es, zuerst der Verstand. Der Verstand jener, die gewalthaltige Computerspiele als Nährboden und Ausbildungsstätte für Mörder und Amokläufer sehen und sie darum Killerspiele nennen. Der Name als semantisches Präjudiz. Spiele, in denen gekillt wird. Spiele, die Killer hervorbringen. Spiele, die deshalb verboten werden müssen. Die Trübung des Verstands hat zwei schmerzhaft banale Gründe. Amokläufer haben statistisch gesehen eine Vorliebe für virtuelle Gewalt. Und viel zu viele Menschen haben keine Ahnung, wie man eine Statistik liest. Es ist in der Tat so, dass fast jeder Amokläufer davor bereits in Videospielen Menschen umgebracht hat. Daraus wird die Sinnhaftigkeit, ja Notwendigkeit eines Verbots abgeleitet.

Der Verstand setzt aus, die Polemik ein. Stattdessen wäre die entscheidende Frage zu stellen: Ist der Zusammenhang ursächlich? Die beschriebenen Fakten taugen nur für eine Aussage ohne Wirkungsrichtung: Gewalttäter sind gerne auch virtuell gewalttätig. Menschen mit einer bestimmten Konstitution neigen zu Gewalt: virtuell (häufiger) und real (sehr selten). Dadurch ergibt sich logischerweise auch ein Zusammenhang zwischen virtueller und realer Gewalt – nur kein kausaler. Nicht zwingend ist das eine Ursache des anderen, vielleicht folgt beides aus derselben Ursache. Grundkurs Statistik, zweite Lektion.

Doch nur wenn ein eindeutiger kausaler Zusammenhang besteht, kann es sinnvoll sein, Gewaltspiele zu verbieten. Auf den Einzelfall bezogen muss die Frage lauten: Wäre der Mensch nicht Amok gelaufen, hätte er keine Killerspiele gespielt? Können wir sie mit Ja beantworten, so sind gewalthaltige Spiele zumindest einer von vielen Faktoren, die zu realer Gewalt führen. Die Forschung vermag dieses Ja nicht zu liefern. Sie zeichnet ein uneinheitliches Bild, mit der Tendenz: Es besteht kein kausaler Zusammenhang oder höchstens ein schwacher, kurzfristiger.

Der amerikanische Verhaltenspsychologe Christopher Ferguson, einer der führenden Experten zur Wirkung von gewalthaltigen Videospielen, hat 2006 in einer Überblicksstudie Untersuchungen der letzten 13 Jahre zu möglichen Zusammhängen von Killerspielen und realer Gewalt zusammengefasst. Sein Fazit: Brutale Videospiele machen nicht gewalttätig. Es könne kein eindeutig kausaler Zusammenhang festgestellt werden. In einem aktuellen Paper mit dem Titel *Much Ado About Nothing* (Viel Lärm um nichts) weist er darauf hin, dass der Zusammenhang zwischen Killerspielen und Gewaltbereitschaft, den verschiedene Studien gefunden haben, praktisch verschwindet, wenn man andere Einflussfaktoren wie das Geschlecht, den Familienhintergrund, das soziale Umfeld oder psychische Erkrankungen herausrechnet. Isoliert betrachtet beträgt der statistische Zusammenhang zwischen gewalthaltigen Spielen und tatsächlicher schwerer Gewaltausübung 0.04 (ein Wert von 1 bedeutet, dass das eine direkt aus dem anderen folgt). Wer als Kind geschlagen wurde oder über eine aggressive Persönlichkeit verfügt, neigt deutlich stärker zu schwerer Gewalt (die entsprechenden Werte für den statistischen Zusammenhang betragen 0.22 und 0.25).

Bei Menschen, die aufgrund anderer Faktoren bereits zu Gewalt neigen, könnten «Killerspiele» Gewaltphantasien verstärken, sagt Daniel Süss, Professor für Medienpsychologie an der Zürcher Hochschule für Angewandte Wissenschaften. Allgemein steigern Gewaltspiele das Aggressionspotenzial des Spielers aber nur kurzfristig, vergleichbare Effekte zeigen sich bei Spielen wie Fussball oder Handball. Laut der deutschen Medienpsychologin Sabine Trepte geht die Mehrheit der Wissenschaftler heute davon aus, dass die negativen Einflüsse von brutalen Videospielen geringer sind, als dies in öffentlichen Diskussionen oft behauptet wird. Trepte warnt aber davor, gewalthaltigen Spielen einen «Persilschein» auszustellen. Vertiefte Erkenntnisse könnten Langzeitstudien liefern. Die fehlten allerdings bisher weitgehend.

In der Rechtsprechung gilt das Prinzip *in dubio pro reo*. Reichen Beweise und Indizien nicht aus, um einen Angeklagten zu verurteilen, so ist er freizusprechen. Nach aktuellem Erkenntnisstand gibt es keinen Grund, gewalthaltige Spiele als gewaltfördernd zu verurteilen und zu verbieten. Es entbehrt nicht einer gewissen Ironie, dass jener Staat, der virtuelle Killerspiele verbieten will, nach wie vor Zehntausende junge Menschen dazu zwingt, bei einem viel realeren Killerspiel mitzumachen. In Alpentälern und auf Schiessplätzen wird das Töten mit echten Waffen geübt. Und damit potenzielle Gewalttäter, falls sie tatsächlich mal jemanden töten möchten, gleich eine Waffe zur Hand haben, dürfen sie ihr Gewehr aus dem Bevölkerungsschutz-Killerspiel mit nach Hause nehmen.

Wer Gewalt wirklich verhindern will, muss aufhören, blindwütig auf die leichtesten Ziele zu schiessen, und «Killerspiele» aus dem Visier nehmen. Gewalt entsteht in der Gesellschaft, nicht am Computer. Dies zu akzeptieren bedeutet freilich auch, sich von einfachen Lösungen zu verabschieden.

Macht das Internet die Welt demokratischer?

Ja, findet das führende Technologiemagazin WIRED. Es ist sich dabei so sicher, dass es das Internet kurzerhand für den Friedensnobelpreis 2010 nominiert hat. «Das Internet ist die erste *weapon of mass construction*. Wir können damit Hass und Konflikte niederringen und Friede und Demokratie verbreiten», begründete der Chefredaktor der italienischen Ausgabe die ungewöhnliche Nominierung. Das Internet soll also in eine Reihe gestellt werden mit Figuren wie Michail Gorbatschow, Nelson Mandela und Martin Luther King Jr., mit Organisationen wie AMNESTY INTERNATIONAL, dem INTERNATIONALEN ROTEN KREUZ und den UN-Friedenstruppen. Grund genug, genauer hinzusehen und der Frage auf den Grund zu gehen: Macht das Internet die Welt wirklich demokratischer? Die Antwort: Ja, aber.

Ja, denn das Internet schafft Zugang zu Information

Wissen ist Macht. Vor allem dann, wenn wenige wissen und viele nicht wissen. Eine Gesellschaftsordnung ist daher umso demokratischer, je besser informiert die Menschen sind. Nur ein informierter Bürger ist ein unabhängiger, handlungsfähiger Bürger. Nur wenn er Zugang zu Information hat, kann er Missstände erkennen und Veränderungen anstossen. Das Internet macht die Ressource Information, die Wissen und letztlich Macht bedeutet, für alle zugänglich. Information ist dank des Internets leichter verfügbar, leichter zu finden und kann einfacher weiter verbreitet werden. Die Rezipientenfreiheit, das Recht jedes Bürgers, sich zu informieren, wird als tragender Pfeiler der Demokratie mit dem Internet ideal verwirklicht. Dass das Internet dieses Potenzial hat, zeigt sich nicht zuletzt in den Bemühungen verschiedener Länder, es zu unterdrücken. Die Machthaber in Ländern wie China, Burma, Simbabwe oder Saudi-Arabien wissen um die Kraft, die Information entfalten kann, wenn sie freigelassen wird, und unternehmen grosse Anstrengungen, um ihren Bürgern den Zugang zum Internet zu erschweren beziehungsweise diesen nach ihrem Gusto mit Zensur zu kontrollieren.

Aber: Das Internet informiert vor allem die Gutinformierten

Noch ist es so, dass eine Mehrheit von diesem Potenzial nicht profitiert. Nicht einmal jeder dritte Mensch auf dem Planeten hat Zugang zum Internet, hinzu kommt, dass die Möglichkeiten über Kontinente und Länder äusserst ungleich verteilt sind. Während in Industriestaaten heute bis zu neun von zehn Menschen auf die sprudelnde Informationsquelle Internet zugreifen können, ist es in Afrika nicht einmal einer von zehn. Gerade jenen, die von unabhängiger Information aus dem Netz am meisten profitieren könnten, weil sie in einem nichtdemokratischen Land leben, bleibt der Zugang verwehrt. Das Internet kann seine Wirkung als Instrument der Aufklärung global erst dann richtig entfalten, wenn alle Zugang haben. Der digitale Graben klafft nicht nur zwischen Industrie- und Entwicklungsländern, er ist auch innerhalb der Länder deutlich zu beobachten. So haben in der Schweiz in der obersten Einkommensschicht nahezu hundert Prozent der Menschen zu Hause Internet. In der tiefsten Einkommensschicht sind es nicht mehr als vierzig Prozent. Es gilt, weltweit wie innerhalb einer Gesellschaft: Jene, die ohnehin schon gut informiert sind, werden durch das Internet noch besser informiert. Die anderen werden weiter abgehängt und es fällt ihnen noch schwerer, sich in den gesellschaftlichen Diskurs einzubringen.

Ja, denn das Internet mobilisiert

Am 4. Februar 2008 gingen in über 100 Städten Kolumbiens insgesamt über 10 Millionen Menschen auf die Strasse, um gegen die Guerillaarmee FARC zu demonstrieren. Weitere zwei Millionen auf der ganzen Welt zeigten sich mit den Kolumbianern solidarisch. Was war geschehen? Nur einen Monat davor hatte ein einzelner Kolumbianer namens Oscar Morales auf FACEBOOK eine Gruppe gegründet, um seinen Unmut darüber kundzutun, wie die FARC die Zivilbevölkerung seit Jahren in Angst und Schrecken hält. Über Nacht trat er eine riesige Bewegung los, die sich über FACEBOOK verbreitete und schliesslich die Demonstrationen organisierte. Ein eindrückliches Beispiel für die Mobilisierungkraft des Internets. Im Juni 2009 hatte der Iran seinen Internet-Moment. Über den Kurznachrichtendienst TWITTER wurden die Proteste gegen die Wiederwahl von Präsident Ahmadinedschad weit über die Grenzen des Irans hinausgetragen. Die Netzgemeinde solidarisierte sich mit den Aufständischen, Millionen von Menschen auf der ganzen Welt nahmen Anteil an einer Bewegung, die nicht nur geografisch weit weg war, sondern davor ausserhalb ihrer Aufmerksamkeit lag. Der damalige britische Premierminister Gordon Brown zeigte sich in einem Interview mit dem GUARDIAN überzeugt, dass der Informationsfluss des Internets die Politik massiv verändert habe: Ein Genozid wie 1994 in Ruanda wäre heute nicht mehr möglich. Informationen darüber, was tatsächlich vor sich geht, hätten sich viel schneller verbreitet und öffentlichen Druck aufgebaut, der ein Handeln erzwungen hätte, sagte Brown. Genau in diesem Sinne agieren die Projekte *Ushahidi* (Suaheli für «Zeugenaussage») aus Kenia und *CrowdVoice* aus Bahrein, die Augenzeugenberichte und lokale Informationen aus Krisengebieten sammeln und der Weltöffentlichkeit zugänglich machen. Dabei findet eine doppelte Mobilisierung statt: Die Bevölkerung im Krisengebiet wird animiert, über die Lage vor Ort zu berichten, die Besucher der Plattform werden animiert, nicht tatenlos zuzusehen. Egal, wo und unter welchen Umständen, das Internet mobilisiert, weil es Gleichgesinnte vernetzt und Kommunikationswege verkürzt. So kann im Netz täglich beobachtet werden, wie sich Menschen zusammenfinden, um ein gemeinsames Ziel zu verfolgen. Sei es, um den ersten schwarzen Präsidenten der USA zu ermöglichen, Spenden für Haiti zu sammeln oder die Inkassostelle Billag abzuschaffen.

Aber: Es mobilisiert oberflächlich und kurzzeitig

Die Mobilisierungskraft des Internets ist auf den zweiten Blick nicht mehr so durchschlagend. Der Sprung in die reale Welt zu tatsächlicher Veränderung scheitert oft. Bestes Beispiel dafür ist FACEBOOK, wo täglich Hunderte von Initiativen für alles Mögliche gestartet werden. Manche erhalten innert wenigen Tagen Unterstützung von Zehntausenden – um kurz darauf in Vergessenheit zu geraten. Dem Grosserfolg in Kolumbien stehen Unmengen gescheiterter Versuche gegenüber. Nicht selten ist die Mobilisierung Selbstzweck, sie lässt bei Uninteressierten für einen kurzen Moment einen revolutionären Tatendrang aufflackern, der sich dann in einem engagierten Klick für die gute Sache manifestiert. Im nächsten Moment wartet wieder ein lustiges YOUTUBE-Video. Mobilisierung über das Internet erscheint schnell eindrücklich, weil sie viele Leute für eine Sache gewinnt, die sich höchstens peripher dafür interessieren. Sobald der Schritt zu konkretem Handeln ansteht, ist die Aufmerksamkeit dieser Leute längst woanders. Auch einige der Paradebeispiele der Netzmobilisierung hinken. So hat die Internet-Kampagne für Barack Obama vor allem deshalb so gut funktioniert, weil sie mit viel Geld und Knowhow perfekt orchestriert wurde. Die TWITTER-Revolution von Teheran war vor allem eine von aussen wahrgenommene und gespiesene. Im Ausland wurde über den Iran getwittert, die Demonstranten haben sich laut Beobachtern hauptsächlich über Mundpropaganda organisiert. Ironischerweise stellt sich die Internetmobilisierung selber ein Bein. Die Tatsache, dass so einfach mobilisiert werden kann, führt dazu, dass Unmengen von Anliegen um die Gunst der Netzgemeinde buhlen. In dieser Reizüberflutung geht die Wallung für den Einzelfall schnell mal verloren. Hätte es die Französische Revolution je gegeben, wenn neben dem Sturm der Bastille gleichzeitig auch noch ein Botellón im Bois de Boulogne, ein Protest gegen Studiengebühren an der Sorbonne und eine Architektenkundgebung für den Bau eines ikonenhaften Stahlturms stattgefunden hätten?

Ja, denn das Internet setzt Eliten unter Druck

Das Internet informiert und mobilisiert. Dies ergibt eine explosive Mischung, die herrschende Eliten stärker unter Druck setzen kann als Hunderte Molotow-Cocktails. Das Internet hat ein Netzwerk geschaffen, in dem Kritik öffentlich gemacht werden kann und sich rasch verbreitet, wenn das Thema brisant genug ist. Die Kontrolle von Staat und Wirtschaft, die lange Zeit die Domäne von Massenmedien war, ist nun in der Hand jedes Einzelnen. Es ist praktisch unmöglich geworden, Fehlverhalten, welcher Art auch immer, für lange Zeit vor der Öffentlichkeit zu verbergen, weil viel mehr Augenpaare genau hinsehen und viel schneller viele Menschen von aufgedeckten Missständen erfahren. Befeuert wird diese Entwicklung beispielsweise von der Whistleblowing-Organisation WIKILEAKS, die brisante, geheim gehaltene Dokumente veröffentlicht und damit schon grosse Konzerne und Staaten in Erklärungsnot gebracht hat. Ein anderes Beispiel für die Kraft des Internets ist der Spesenskandal unter britischen Politikern, der 2009 aufflog. Zahlreiche Politiker hatten auf Kosten des Steuerzahlers unverschämt hohe Spesen verrechnet. Die britische Zeitung THE GUARDIAN kam in den Besitz von Dokumenten, in denen die Spesen sämtlicher Abgeordneter erfasst waren, total 459 000 Seiten. Für die Redaktion ein Ding der Unmöglichkeit, diese nach den gravierendsten Fällen zu durchsuchen. Also hat der GUARDIAN das Dokument ins Netz gestellt und seine Leser aufgefordert, die Zahlen ihrer lokalen Abgeordneten unter die Lupe zu nehmen. Tausende Bürger trugen so das Ausmass des Spesenskandals in England zusammen. Diese neue Form der Transparenz setzt die mächtigen Akteure unter Druck. Wer weiss, dass er beobachtet wird, handelt verantwortungsvoller.

Aber: Es verschafft den Eliten Druckmittel

Es versteht sich von selber, dass auch jene, die vom Internet unter Druck gesetzt werden, dieses für ihre Zwecke nutzen und ihrerseits als Druckmittel einsetzen. Nicht selten stehen ihnen dabei ungleich bessere Möglichkeiten offen als der breiten Masse. Sei es, dass sie finanziell bedingt einen besseren Zugang haben (wenn es sich um eine gesellschaftliche oder wirtschaftliche Elite handelt). Sei es, dass sie Informationsströme kontrollieren und überwachen oder ganze Kommunikationssysteme lahmlegen können (wenn es sich um eine politische Elite mit entsprechendem Machtmonopol handelt). So hat es beispielsweise bei der «TWITTER-Revolution» im Iran nicht lange gedauert, bis das Regime das Internet genutzt hat, um Aufständische gezielt aufzuspüren und gegen sie vorzugehen. Wäre das Internet 1994 in Ruanda bereits weit verbreitet gewesen, hätte es den Genozid wohl nicht verhindert. Vielleicht im Gegenteil sogar verschlimmert. Als Kommunikationsinstrument in den Händen der mächtigeren Hutu hätte es als Propagandawaffe und zur Verfolgung von Tutsi verheerend gute Dienste geleistet. Gerade in Entwicklungsländern liegt die Kraft des Internets nicht in den Händen der Masse, sondern ist den Eliten vorbehalten. Heute, sechzehn Jahre nach dem Genozid, haben in Ruanda 3 von 100 Menschen Zugang zum Internet.

Richtet das Internet unsere Sprache zu Grunde?

Von: David Bauer
An: Alle, die geneigt sind, die Frage mit Ja zu beantworten
Betreff: Kinder, der Tod ist gar nicht so schlimm!

Liebe Sprachkritiker

Euch ist die Sprache der Internetgeneration ein Graus. Da werden Abkürzungen und Anglizismen, Ellipsen und Mundart in einem Masse verwendet, dass euch schwindlig wird. In einer Art, die euch erschaudern lässt. Ihr schaut auf Chats, Tweets und Kurznachrichten und seht am Horizont die Sprache untergehen. Ihr ahnt Böses, fürchtet das Schlimmste und mahnt zu einer Rückbesinnung auf die korrekte Sprache.

Welche Sprache denn? Jene, die seit Jahrhunderten unverändert perfekt ist und darum um jeden Preis in ihrer edlen Form bewahrt werden muss? Was ihr heute als Heiligen Gral verteidigt, ist selber nur entstanden, weil Sprache dynamisch ist. Die heutige Sprache ist Produkt einer ständigen Weiterentwicklung, die ihr nun aufhalten möchtet, als wäre die Sprache an einem idealen Endpunkt angelangt. Sprache verändert sich, das hat sie immer schon getan. Nicht, weil böse Mächte wie die Jugend oder das Internet sie verhunzen, sondern weil die Sprache ihren ersten Zweck nicht in sich selber hat, sondern in der Kommunikation zwischen Menschen. Sie will von einem Menschen zum anderen kommen. Dafür sucht sie sich wie Wasser den einfachsten Weg.

Wenn ihr die jungen Menschen für ihren Gebrauch der Sprache kritisiert, wenn ihr ihnen vorwerft, sie würden sie nicht richtig verwenden, sie gar kaputt machen, dann beweist ihr damit nur eins: Ihr habt nicht verstanden, was Sprache ist. Sprache ist nicht das, was Regelwerke den Menschen vorschreiben. Sprache ist das, was Menschen verwenden. Die Sprache wird nicht durch Regeln geformt, sondern durch ihren Gebrauch.

Was ihr als unvollkommene Sprache brandmarkt, ist nichts anderes als ein spielerischer Umgang damit. Der nicht von Ignoranz gegenüber korrekter Sprache zeugt, sondern von der Lust am selbständigen Gebrauch. So wie ein Musiker Brahms nicht verunglimpft, wenn er eine seiner Symphonien nicht exakt nachspielt, sondern frei interpretiert.

Sprache lebt! Ihr aber wollt sie ins Museum stellen, hinter Vitrinen. Und am liebsten die Zeit anhalten. Als würdet ihr dem Museum of Modern Art vorschreiben, dass es keine neue Objekte in seine Sammlung aufnehmen soll. Wir sollen die Sprache ehrfurchtsvoll bestaunen und mit Handschuhen anfassen, wenn wir sie gebrauchen wollen. Kein Wunder, machen da die jungen Menschen nicht mit. Sie sind in euer Sprachmuseum eingebrochen, haben die Kunstwerke aus ihren goldenen Rahmen gerissen und auf die Strasse geholt. Aber wisst ihr was? Sie machen sie nicht kaputt. Sie gestalten sie um und haben Freude daran.

Findet euch damit ab, die Sprache gehört euch nicht. Sie gehört allen und jeder darf sie so verwenden, wie es ihm passt. Die Grenzen setzt einzig die Kommunikation. Wer nicht verstanden wird, passt seinen Sprachgebrauch früher oder später von alleine an. Niemand braucht euch, um die Sprache zu retten. Im Gegenteil, wir müssen unser Möglichstes tun, um die Sprache vor eurem elitären Zugriff bewahren.

Hochachtungsvoll & à+ ;-)
DB

Was hat dieses Web 2.0 tatsächlich gebracht?

Seit das Web vor fünf Jahren das Versionskürzel 2.0 angehängt bekommen hat, ist alles anders. Im Internet der zweiten Generation ist der Nutzer nicht mehr nur passiver Konsument, sondern kann aktiv Inhalte beisteuern. Er schreibt Blogs, lädt Videos bei YOUTUBE hoch, bearbeitet Artikel bei WIKIPEDIA, teilt Bilder bei FACEBOOK. Das Internet ist einfach genug geworden, dass jeder zum Sender von Information werden kann.

Für Kritiker ist das Web 2.0 ein leichtes Ziel. Es ist so weit verzweigt und so vielfältig, dass sich für jede apokalyptische These ein Beleg findet. Für Euphoriker ist das Web 2.0 leicht zu verteidigen. Es ist so weit verzweigt und so vielfältig, dass sich für jede apokalyptische These ein Gegenbeleg findet. Leicht anzugreifen, leicht zu verteidigen – das sollte Hinweis genug sein, dass das Web 2.0 per se eigentlich gar nichts ist. Keine Entität, die normativ gut oder schlecht sein kann. Stattdessen ist es ein Boden, auf dem allerlei Leben gedeihen kann. Es wäre vernünftig, diesen Boden zumindest als wertneutral anzusehen. Mit etwas Optimismus und Vertrauen könnte man auch sagen: Gut, gibt es diesen Boden, schauen wir mal, was daraus wächst, und fällen unser Urteil dann über das Gewachsene, nicht den Boden.

Das Web 2.0 ist ein Instrument, das die Meinungsäusserungsfreiheit um die Möglichkeit erweitert, sich tatsächlich zu äussern. Es ist das Megaphon, das Menschen Gehör verschafft. Wenn wir den Menschen zugestehen, ihre Meinung zu äussern, dann ist es nur konsequent, grundsätzlich zu begrüssen, wenn sie gehört werden. Wenn wir uns über Hassprediger aufregen und über Menschen, die viel zu viel dummes Zeugs reden, dann müssen wir die Schuld nicht bei der Meinungsäusserungsfreiheit suchen. Sondern bei ebendiesen Menschen, die sie missbrauchen. Genauso ist es unsinnig, auf das Web 2.0 einzuprügeln, wenn wir eigentlich jene meinen, die Unfug damit treiben.

Man wünschte sich, das Web 2.0 wäre nie als *buzzword* so sehr ideologisch aufgeladen und mit so vielen Hoffnungen und Visionen verknüpft worden. Bei Lichte betrachtet ist es einfach das Internet von heute, die technische Umsetzung dessen, wofür das Internet von Beginn weg vorgesehen war: eine Plattform, die es jedem Menschen ermöglicht, sich zu äussern und mit anderen in Verbindung zu treten. In den letzten Jahren wurde dieses Potenzial entfesselt, so dass nun jede und jeder mit Internetanschluss kostenlos und ohne spezielle Kenntnisse veröffentlichen kann, was ihm beliebt. Dies hat unsere Gesellschaft in verschiedenen Bereichen tiefgreifend verändert. Diese Veränderungen gilt es zu diskutieren, nicht das Web 2.0 als solches.

Der informierte Bürger

Der Einfluss des Web 2.0 auf den öffentlichen Diskurs lässt sich knapp zusammenfassen: Besserwisser und solche, die es besser wissen, haben jetzt eine Stimme. Will heissen: Aussagen und Meinungen, sei es von Medien, Politikern oder anderen öffentlichen Personen, sind deutlich mehr Widerspruch ausgesetzt als bis anhin. In Blogs und Kommentarspalten, auf TWITTER und YOUTUBE kann jeder sich in eine Diskussion einklinken oder eine anstossen. Das führt im besten Fall zu einer dialektischen Weiterentwicklung von Positionen und zu einer raschen Beseitigung von Irrtümern. Je mehr kritischem Widerspruch eine Position ausgesetzt ist, desto verlässlicher wird sie. Das gilt, wenn jene, die widersprechen, es tatsächlich besser wissen als der ursprüngliche Absender der Botschaft. Die vielbeschworene Weisheit der Vielen funktioniert dann als Korrektiv für Irrtümer und Fehlleistungen von Einzelnen. Der Weisheit der Vielen steht die Dummheit des Mobs entgegen. Das Web 2.0 hat auch einer ganzen Horde von Besserwissern eine Stimme gegeben, denen wenig an einem konstruktiven Diskurs gelegen ist, sehr viel dagegen an narzisstischem Nörgeln und der puren Lust an der Provokation.

Sie stören den öffentlichen Diskurs, indem sie das Diskussionsniveau senken, offenes Debattieren torpedieren und so manchen abschrecken, der etwas Gehaltvolles beizutragen hätte. Sie sind oft anonym unterwegs, Rechtsverständnis und Unrechtsbewusstsein fehlen ihnen. Sie sind es, die einem Kritiker wie Andrew Keen in die Hände spielen, so dass dieser die «Stunde der Stümper» ausrufen kann, in der jeder Laie sich dazu befähigt fühlt, zu allerlei Themen Stellung zu beziehen. Was Keen übersieht: In der Aufmerksamkeitsökonomie des Internets sind die Anfangshierarchien zwar relativ flach – doch wirklich gehört werden jene, die sich im Netz als Experte etablieren können. Denn jeder, der einem anderen widerspricht, ist selber dem Widerspruch der Masse ausgesetzt. Nur ernsthafte, durchdachte Positionen bestehen in diesem Wettbewerb. Darum ist es keineswegs so, dass im Netz die Stümper dominieren. Sie mögen viele sein, viel beachtet sind dagegen jene, die etwas zu sagen haben.

Der informierte Konsument

Wenn sich Firmen von selbst ernannten Experten banale Ratschläge für teures Geld geben lassen, dann ist klar, dass eine rasante Entwicklung im Gange ist. Das Web 2.0 hat eine Spezies Mensch hervorgebracht, die Firmen Angst und Schrecken einjagt: den informierten Konsumenten. Er kennt seine Alternativen. Er setzt mit seinem Wissen die Firmen unter Druck, alles richtig zu machen. Tun sie es nicht, entzieht er ihnen sein Vertrauen. Und erzählt es gleich weiter. Das Web 2.0 gibt ihm alle Instrumente in die Hand, um seinen Unmut über eine Firma öffentlich zu machen. Sei es, weil ihr Produkt schlecht ist, sei es, weil sie sich unethisch verhält. Unter Umständen tritt er so eine ganze Lawine los, unter der das Image einer Firma verschüttgeht. Ein unzufriedener Kunde bedeutet im Zeitalter von Web 2.0 Dutzende, Hunderte, vielleicht gar Tausende abgeschreckte andere Kunden. Der Konsument ist im Web 2.0 mehr denn je Markenbotschafter. Durchaus auch zum Vorteil von Firmen, sofern sie gut arbeiten. Ist der Kunde zufrieden, schreibt er eine positive Bewertung, empfiehlt das Produkt seinen FACEBOOK-Freunden weiter oder twittert seine Begeisterung. Die Gesamtheit von positiven und negativen Meinungen zu einem Produkt, einer Dienstleistung oder einer Firma bietet jedem Konsumenten eine Entscheidungsgrundlage. Er erlebt eine neuartige Form der Transparenz und kann eine informierte Wahl treffen. Weil dies den Firmen das Leben schwer macht, leben derzeit Social-Media-Berater fürstlich. Sie versprechen den Unternehmen, ein Stück Kontrolle aus dem anarchischen Web zurückzugewinnen. Sie entwickeln Wege, wie der Kunde auch im sozialen Netz gezielt bearbeitet werden kann. Das funktioniert mal besser – etwa mit klugen viralen Kampagnen, die den Konsumenten spielerisch dazu bringen, eine Botschaft weiter zu verbreiten. Und mal schlechter – vor allem dann, wenn Firmen glauben, sie könnten sich gute Bewertungen erkaufen oder kritische Stimmen zum Verstummen bringen. Unternehmen sind heute gezwungen, sich mit dem Web auseinanderzusetzen. Zu sehr hängt ihr Image davon ab. Gleichzeitig ist es ein Spiel mit dem Feuer. Das Netz ist schwer zu kontrollieren und verzeiht keine Fehler. Und so gilt heute mehr denn je: Die beste Werbung ist ein herausragendes Produkt.

Der soziale Mensch

Auch im privaten Bereich hat das Web 2.0 vieles verändert. Es hat das Internet vom reinen Medium in einen zentralen Bestandteil unseres Lebens verwandelt. Die einfache Handhabung des Web 2.0 ermöglicht es allen Internetnutzern, Erlebtes in Form von Text, Bildern und Videos mit anderen zu teilen. Es ist diese Komponente des Teilens, das dem Netz den sozialen Charakter gegeben hat, den es heute hat. All die sozialen Netzwerke, die in den letzten Jahren Hunderte Millionen Mitglieder gewonnen haben, beziehen ihre Raison d'Être aus dem Teilen. Sie organisieren und regen es weiter an. Wir zeigen unsere Ferienfotos, ein Video des Neugeborenen, informieren über einen Jobwechsel. Wir bekennen, welche Musik wir mögen, welche Bücher wir lesen. Schreiben, was wir gerade tun, wo wir gerade sind. Verraten gar, wie es uns geht. In der Summe ermöglicht diese Art von Kommunikation, soziale Bindungen zu knüpfen und zu erhalten, mal klar beruflich orientiert (XING), mal nur über den Musikgeschmack definiert (LAST.FM), mal die gesamte Person erfassend (FACEBOOK). Ist das Web 2.0 im öffentlichen Raum für Bürger und Konsument ein Instrument der Meinungsäusserung, so bietet es im Privaten eine Möglichkeit, sich als Mensch zu artikulieren und seine Kreativität auszuleben.

Der aufgeklärte Mensch in einer liberalen Gesellschaft soll so viele Freiheiten wie nur möglich erhalten und sich privat wie öffentlich einbringen. Das Web 2.0 als technische Erweiterung zur Meinungsäusserungsfreiheit ist eine mächtige und wichtige Errungenschaft. Wir müssen lernen, sie sinnvoll zu nutzen und verantwortungsvoll mit ihr umzugehen. Die Entwicklung zu bremsen, nur weil sie uns vor gewisse Probleme stellt, wäre fatal. Schliesslich versiegeln wir auch nicht den ganzen Boden, nur weil darauf neben Rosen und stolzen Eichen auch Unkraut wächst.

Wer kontrolliert das Internet?

Darauf gibt es zwei Antworten. Und beide machen die Erfinder des Netzes nicht wirklich glücklich.

Zu wenige kontrollieren das Internet im Sinne von: dominieren. Zu viele kontrollieren das Internet im Sinne von: überwachen. Die Vision von Tim Berners-Lee, der 1989 am CERN in Genf den Grundstein für das heutige World Wide Web gelegt hat, ist die eines offenen Netzes, möglichst frei von Kontrolle und Dominanz: «Niemand soll das Internet kontrollieren. Wir müssen jedem dahingehenden Versuch, sei es von Institutionen oder Firmen, widerstehen.» Das von ihm gegründete World Wide Web Consortium (w3c) hat zum Ziel, das Internet in diesem Geiste dazu zu führen, sein Potenzial voll auszuschöpfen und es für alle Menschen gleichermassen zugänglich zu machen.

Die Realität sieht anders aus. Die Entwicklung geht heute hin zu mehr Dominanz und mehr Überwachung. Einige wenige Giganten stellen das Netz von innen auf die Probe. Tim O'Reilly, einer der grossen Vordenker der Netzgemeinde, spricht in einem Essay vom *War For The Web,* der aktuell im Gange sei. «Wir bewegen uns auf eine blutige Ära des Wettstreits zu», schreibt er, «der dem Netz, wie wir es heute kennen, extrem schaden kann.» Die grösste Gefahr sieht O'Reilly darin, dass die grossen Player wie GOOGLE, APPLE, MICROSOFT, FACEBOOK oder AMAZON in ihrem Bestreben, Nutzer möglichst eng an sich zu binden, die offene Natur des Netzes zerstören. Der ECONOMIST warnt in einem aktuellen Artikel vor einer «Balkanisierung des Netzes». So wird in der Welt der Handy-Applikationen die Information des Internets zersplittert und in einzelnen Programmen eingeschlossen. APPLE bestimmt rigoros, welche Programme es in seinem APP-STORE zulässt und welche nicht. FACEBOOK macht es den Leuten einfach, sein Universum zu betreten, doch schwer, es wieder zu verlassen. AMAZON verkauft nur elektronische Bücher für sein eigenes Lesegerät Kindle, die auf anderen *E-Readern* nicht gelesen werden können. Wer ein Android-Handy mit all seinen Funktionen nutzen will, braucht einen GOOGLE-Account.

Diese Tendenz bringt eines der wichtigen Funktionsprinzipien des Internets ins Wanken: die Interoperabilität – dass also die verschiedenen Elemente des Internets nahtlos zusammen funktionieren und dem Nutzer zu erlauben, sich frei hin und her zu bewegen. Die grossen Player sähen am liebsten, wenn sie ihre Nutzer in einem grossen, aber geschlossenen Universum exklusiv bedienen könnten. Es erstaunt wenig, dass GOOGLE, MICROSOFT und APPLE, ursprünglich aus unterschiedlichen Kerngeschäften kommend, allesamt zu Komplettanbietern geworden sind und heute Handys, Software, Betriebssysteme, Browser, Webdienste, Musikplayer und vieles mehr im Angebot haben. Verschärft sich O'Reillys Krieg um das Netz, werden möglicherweise dereinst die Grenzen geschlossen und wir Internet-Nutzer müssen uns entscheiden, ob wir uns im APPLE-Netz oder im FACEBOOK-Netz bewegen wollen. AOL und die 90er Jahre lassen grüssen. Damals war es AOL-Kunden nicht einmal möglich, E-Mails an Kunden der Konkurrenz zu schicken.

Eine solche Entwicklung wäre für das Netz so verheerend, wie wenn Sie sich in Ihrer Stadt nicht mehr frei bewegen könnten und sich zwischen verschiedenen *gated communities* entscheiden müssten, wo Sie dann nur nutzen und konsumieren könnten, was innerhalb der Zäune angeboten wird.

Neben der Bedrohung von innen, der zunehmenden Kontrolle durch dominante Monopolplayer, muss sich das Internet weiterhin starker Kontrollversuche von aussen erwehren.

Global gesehen das grösste Hindernis für die Entfaltung des Internets bleibt die Zensur. In 46 Ländern, die zusammen über die Hälfte der Weltbevölkerung beheimaten, verwehrt der Staat den Zugriff auf mehr oder weniger grosse Teile des Internets und überwacht die Nutzung so rigoros, dass jeder, der auf sich auf den «falschen» Seiten bewegt, gefährlich lebt *(Siehe: «Macht das Internet die Welt demokratischer?»).*

Doch nicht nur Länder, die ihre Bürger vom Internet oder von bestimmten Inhalten fernhalten wollen, haben ein wachsames Auge auf das Internet. Mit der Begründung, dass das Internet ein wichtiges Werkzeug für Kriminalität und Terrorismus sei, wollen viele Staaten möglichst viel Einblick in das Kommunikationsverhalten ihrer Bürger. So müssen Netzbetreiber in der Schweiz für sechs Monate speichern, wer wem wann

E-Mails verschickt. Per Gerichtsbeschluss können die Strafverfolger darauf zugreifen (bis 2008 war dafür eine Behörde mit dem konspirativ klingenden Namen «Dienst für besondere Aufgaben» zuständig). In England und Frankreich sind bereits umfassendere Gesetze zur Vorratsdatenspeicherung in Kraft, in den USA wird darüber diskutiert. In Deutschland dagegen ist ein entsprechender Gesetzesentwurf Anfang 2010 für verfassungswidrig erklärt worden.

Für die aktive Kontrolle des Internets ist in der Schweiz – neben dem Geheimdienst natürlich – die Koordinationsstelle zur Bekämpfung der Internetkriminalität zuständig, eine Abteilung der Bundeskriminalpolizei. Mittels spezieller Software spürt sie beispielsweise Leute auf, die Kinderpornografie aus dem Netz herunterladen. Sie kann ausserdem den Zugang zu Websites mit kinderpornographischem Inhalt sperren, wenn sie der Betreiber nicht habhaft werden kann. Einige hundert Websites sind aus diesem Grund aus der Schweiz heraus nicht erreichbar.

Eine bedeutende Rolle im Ringen um die Kontrolle des Internets kommt auch den Serviceprovidern zu, die letztlich den Flaschenhals darstellen, durch den das Internet zu den Menschen kommt. Seitens der Anbieter ist zuletzt die Forderung lauter geworden, das Prinzip der Netzneutralität aufzuweichen. GOOGLE und der amerikanische Netzbetreiber VERIZON haben im August 2010 einen gemeinsamen Vorstoss lanciert, der de facto die Aufhebung der Netzneutralität anstrebt. Netzbetreiber sollen wählen dürfen, welche Dienste sie bevorzugt behandeln, sprich: welche Datenpakete schneller durch ihr Netz geschickt werden. Heute verbietet die Netzneutralität den Anbietern, nach inhaltlichen Kriterien Einfluss zu nehmen auf die Verfügbarkeit, Priorisierung oder Bandbreite der Daten. Es geschieht aber bereits: Einzelne Anbieter drosseln etwa die Bandbreite von Tauschplattformen, weil diese sonst mit ihrem hohen Datenaufkommen andere Dienste verlangsamen könnten, so die Begründung.

Ohne garantierte Netzneutralität droht wie durch den *War For The Web* eine Fragmentierung des Angebots. Netzbetreiber und Inhalteanbieter könnten Allianzen schmieden, so dass beispielsweise bei Verizon-Kunden YOUTUBE-Videos schneller laden würden als jene der Konkurrenz oder dass gar einzelne Dienste nur in bestimmten Netzen verfügbar wären, wenn Exklusivverträge geschlossen werden können. Der ECONOMIST zeichnet in seinem Artikel das düstere Bild eines Mafia-Systems, in dem Netzanbieter von Inhalteanbietern Schutzgelder kassieren, damit deren Daten schnell genug zu den Kunden geliefert werden. Im schlimmsten Fall zerfällt das Internet wieder in einzelne Netze, jedes kontrolliert von einer anderen Mafia-Gruppierung.

Das Internet steht in den nächsten Jahren grossen Herausforderungen gegenüber, wenn es offen bleiben und sein volles Potenzial ausschöpfen will. Nur so kann es der Vision seiner Erfinder gerecht werden: dass alle Menschen frei miteinander kommunizieren und Information und Daten austauschen können.

Warum verschwindet Spam eigentlich nie?

Das ist einfach erklärt. Spam verschwindet nicht, weil die Spammer den Spam-Verhinderern technisch immer einen Schritt voraus sind. Spam verschwindet nicht, weil es spottbillig ist, Millionen von Nachrichten zu verschicken. Und Spam verschwindet nicht, weil es unter einer Million Menschen immer einen Dummen gibt, der einem nigerianischen Buchhalter seine Kontodaten mailt oder in Weissrussland blaue Pillen bestellt. Weil die Aussicht auf mehr Geld und mehr Penis offenbar noch immer zuverlässig die Sinne vernebelt. Darum gibt es Spam auch im Jahre 2010 noch. Und da man nicht einfach alle Männer mit zu kurz geratenem Selbstwertgefühl vom Internet fernhalten kann, wird es Spam vermutlich auch in fünf, zehn und in zwanzig Jahren geben.

Doch ist das schlimm? Mitnichten. Diese digitalen Wurfsendungen sind grosse Unterhaltung. Wir müssen nur zurückdenken, wo Spam seinen Ursprung hat. Der Begriff ist den grössten Humoristen des zwanzigsten Jahrhunderts entliehen, Monty Python. In einem Sketch zelebrieren sie die grosse Errungenschaft der britischen *cuisine,* den Spiced Ham, oder eben kurz: Spam. 132 Mal kommt das Wort im zweiminütigen Stück vor. Der Zuschauer wird also buchstäblich zugespammt. Und: Er amüsiert sich bestens.

Ich habe Spam über all die Jahre richtig lieb gewonnen. Ehrlich. Sie müssen mehr Spam-Mails lesen. Spam ist eine unterschätzte Kunstform. Deren Reiz darin besteht, dass ihre Erschaffer gar nicht wissen, dass sie Künstler sind. Sie meinen, sie wären Geschäftsleute. Was ja auch stimmt. Als Spammer lebt man angeblich ziemlich gut. Es ist eine Win-win-Situation. Der Spammer macht ein gutes Geschäft, wir erhalten beste Unterhaltung. Gesponsert von den Dummen, die auf die Mails tatsächlich reagieren.

Die Zeiten sind vorbei, in denen Spam ein richtiges Ärgernis war, weil das halbe Postfach damit verstopft war. Die heutigen Filter sorgen dafür, dass wir nicht mehr überschwemmt werden, obschon je nach Schätzungen sieben bis neun von zehn Mails weltweit Spam sind. Überflutet wird man heute viel eher von Mails, die man beantworten muss und die einem Arbeit aufhalsen. Da sind die Spam-Mails, die von Zeit zu Zeit eintrudeln, willkommene Abwechslung. Dada-Pausen. Spam Poetry. Kurzum: Spam sollte stehen für Spiced Art Mail. Und wir sollten lernen, es zu schätzen.

Sie glauben das nicht? Dann stimmen Sie zusammen mit den betrunkenen Wikingern von Monty Python das Spam-Lied an und öffnen Sie Ihren Spam-Ordner. Sie werden das Geschriebene mit anderen Augen sehen, wenn Sie mit der Erwartung herangehen, Kunst zu erleben. Nicht jedes Spam-Mail ist Kunst, genauso wie nicht jedes Gekritzel ein Basquiat ist. Aber Sie werden staunen, wie viele kunstvolle Worte da unentdeckt geblieben sind: Aphorismen, Gedichte, Dada-Pointen, alles à discrétion.

Become a real
giant in love
You don't want
to cast your eyes down
in her bedroom, again
right?

More meat is never excessive

Hello my friend!
Spring has finally come!
Romance is in the air!

Thank God the iron curtain went down
East European girls exposed

If you doubt, ask GOOGLE.
All were silent.

Venez ici changer votre vie

I tore her clothes apart
Enhance your wicket reputation
The key to fame and power
Is within your grasp
Get it now

Das Leben ist zu kurz – geniessen Sie das in vollen Zügen.
Das Geld kommt und geht – unvergessliches Sex-Erlebnis bleibt!

Leben und Überleben
Seite 15 bis 44

Gut und Böse
Seite 45 bis 80

Stil und Anstand
Seite 81 bis 104

Rat und Tat
Seite 105 bis 132

Sein und Selbst
Seite 133 bis 162

Trends und Zukunft
Seite 163 bis 194

Wie schnell muss ich auf eine Nachricht reagieren?

Wer die Nazis besiegen kann, der sollte auch mit einem SMS fertig werden. Darum holen wir uns für diese Frage Rat bei Dwight D. Eisenhower, Oberbefehlshaber der Alliierten Streitkräfte in Europa während des Zweiten Weltkriegs und späterer Präsident der Vereinigten Staaten. Von ihm stammt das Eisenhower-Prinzip, eine bewährte Methode des Zeitmanagements. Sie wird uns weiterhelfen, wenn es zu entscheiden gilt, innert welcher Frist ein SMS, ein E-Mail, eine Chat-Nachricht beantwortet werden muss.

Rein subjektiv betrachtet scheint es, als würde mit jeder neuen Kommunikationsform, die der technische Fortschritt mit sich bringt, die erlaubte Reaktionszeit verkürzt. Bis zu jenem Punkt, an dem wir heute stehen, wo mediale Kommunikation in Echtzeit stattfindet und die Zeit zwischen Nachricht und erwünschter Antwort gegen null strebt. Der Eindruck täuscht. Wie lange wir uns Zeit lassen dürfen, auf eine Nachricht zu antworten, hat nichts mit dem Kanal zu tun, über die sie uns erreicht. Sondern einzig und alleine mit dem Inhalt der Nachricht.

Käme eine Brieftaube angeflogen, um Ihnen mitzuteilen, dass ein Freund in einer Felswand festhängt, wäre rasches Reagieren angezeigt. Erhalten Sie ein E-Mail von einem Arbeitskollegen, der Ihnen eine «total witzige» Powerpoint-Präsentation weiterleitet, müssen Sie sich mit Ihrer Antwort nicht beeilen.

Das Übermittlungsmedium spielt nur dann eine Rolle, wenn Sie sich rausreden wollen, Sie hätten die Nachricht nicht oder erst verspätet erhalten. Wer weiss schon, ob und wann eine Brieftaube angekommen ist? Ein SMS dagegen erreicht den Empfänger in aller Regel schnell und zuverlässig. Und wer gerade bei FACEBOOK fleissig Statusmitteilungen in sein Profil schreibt, aber auf eine Chatnachricht nicht antwortet, kann nicht geltend machen, er hätte die Nachricht nicht gesehen.

Doch wollen wir uns hier mit den tatsächlich erwünschten Antwortzeiten befassen, nicht mit möglichen Tricks, sie zu verlängern. Eisenhower war schliesslich ein Mann der Disziplin. Seine Methode diente dazu, anstehende Aufgaben so zu priorisieren, dass sie gut zu bewältigen waren. Eine eingehende Nachricht ist nichts anderes als eine Aufgabe, die es zu bewältigen gilt. Zwei Fragen gilt es nach Eisenhower zu beantworten. 1. Ist die Nachricht wichtig oder nicht? 2. Ist sie dringend oder nicht? Daraus ergibt sich eine Matrix mit vier Handlungsempfehlungen.

	Dringend	Nicht dringend
Wichtig	Unverzüglich antworten	Gelegentlich antworten
Nicht wichtig	Zeitnah oder gar nicht antworten*	Joker

*Falls Sie in der glücklichen Lage sind, einen persönlichen Assistenten zu haben, können Sie sich noch etwas exakter an Eisenhower halten. Für Aufgaben, die dringend, aber nicht wichtig sind, riet er, zu delegieren.

Wichtig und dringend: Unverzüglich antworten — In diese Kategorie fallen alle Nachrichten, bei denen ein längeres Zögern unweigerlich eine grosse Katastrophe für den Absender, Sie selber oder die ganze Welt bedeuten würde. Hier gilt es, nach Kenntnisnahme die aktuelle Betätigung zu unterbrechen und unverzüglich zu antworten, es sei denn, dies hätte eine noch grössere Katastrophe zur Folge.
— Ein Bekannter schreibt: Beide Beine gebrochen, Urwald, Papua-Neuguinea. Help!
— Ein Freund schreibt: Lust auf ein Bier, jetzt, sofort?
— Der Chef schreibt: Wir haben da ein kleines Problem...
— Die Freundin schreibt: Wo steckst du?

Wichtig und nicht dringend: Gelegentlich antworten — Der Inhalt dieser Nachricht ist von Bedeutung, für Sie, den Absender oder für beide. Es eilt allerdings nicht so sehr mit der Antwort, je nachdem ist sogar etwas Bedenkzeit ratsam.
— Eine Freundin schreibt: Ich habe mich in dich verliebt.
— Mutter schreibt: Wann sehen wir dich mal wieder?
— Der Chef schreibt: Ich bin gespannt auf deine Analyse.
— Der beste Freund schreibt: Lass uns Ferien planen!

Nicht wichtig und dringend: Zeitnah oder gar nicht antworten — Der Inhalt der Nachricht ist weder für Sie noch für den Absender von grosser Bedeutung. Er verliert seine Bedeutung komplett, wenn Sie nicht schnell antworten. Entweder es passt Ihnen gerade, dann antworten Sie. Oder sonst vergessen Sie die Sache. Falls sie doch wichtiger sein sollte, als Sie dachten, wird der Absender sich nochmals melden.
— Ein Bekannter schreibt: Bin gerade in der Gegend, Zeit für einen Kaffee?
— Ein Freund schreibt: Wie hiess nochmal die Band von gestern? Kollege fragt.
— Der Mitbewohner schreibt: Soll ich dir aus dem Supermarkt was mitbringen?
— Mike Shiva sagt: Rufen Sie mich jetzt an.

Nicht wichtig und nicht dringend: Joker — Die beste Kombination. Hier sind Sie frei zu wählen, was Sie tun wollen. Am besten lassen Sie die Nachricht eine Weile liegen. Falls Sie sie nach einer Woche nicht vergessen haben, antworten Sie darauf. Nötig ist das aber nicht.
— FACEBOOK schreibt: Irgendein Idiot will dein Freund werden.
— Schwester schreibt: Nicht vergessen, Onkel Urs hat in vier Wochen Geburtstag.
— Der Idiot von FACEBOOK schreibt: Ey altes Haus, wie geht's?

Ein *caveat* zum Schluss: Es wird immer wieder vorkommen, dass der Absender einer Nachricht diese für wichtiger und dringender hält, als Sie das eingeschätzt haben. Das Urteil über Ihre Reaktionszeit fällt letztlich immer der Absender. Lassen Sie sich davon nicht verrückt machen, Sie haben mit Eisenhower eine Figur von historischer Grösse auf Ihrer Seite. Beharren Sie darauf, dass Sie im Recht sind. Und beschimpfen Sie Ihr Gegenüber als Kommunikations-Nazi.

Darf ich mein Date vorher googeln?

Da hat man eine flüchtige Bekanntschaft gemacht, fand sich nett, hat Nummern ausgetauscht und trifft sich nun erstmals zu einer richtigen Verabredung. Wir leben im 21. Jahrhundert, da kann es doch nicht verkehrt sein, vorher kurz eine Suchmaschine mit dem Namen des Dates zu füttern. Umso mehr, wenn ein nur mutmasslich glücklicher Zufall des Lebens einander zusammengeführt hat und nicht der treffsichere Algorithmus einer Partnerbörse *(Siehe: «Soll ich die grosse Liebe im Netz suchen?»)*. Oder lieber doch nicht? Seien wir ehrlich, die Frau oder den Mann, mit dem man sich verabredet hat, vorher zu googeln, das ist etwas für Streber, Stalker und Menschen mit Minderwertigkeitskomplexen. Also für uns alle.

Jemanden frisch kennen zu lernen ist wie eine Reise in ein unbekanntes Land. Und bevor wir in die Ferne aufbrechen, informieren wir uns schliesslich auch. Es ist durch und durch menschlich, dass wir Unsicherheiten minimieren und möglichst viel Kontrolle über eine unbekannte Situation gewinnen wollen. Und wo doch GOOGLE mittlerweile über fast jede und jeden etwas ausspuckt, ist die Verlockung nur zu verständlich, nicht nur vor einer Reise, sondern auch vor einer Verabredung zu recherchieren und sich gründlich vorzubereiten *(Siehe: «Wie finde ich im*

Netz, was ich suche?»). Also keine Sorge, Sie dürfen Ihr Date googeln. Erstaunen oder gar erschrecken wird das schon lange niemanden mehr.

Da finden wir also: Die Person war früher mal bei den Pfadfindern, hat ihren Schulabschluss im Ausland gemacht und mag laut FACEBOOK-Profil Popmusik aus Schweden. Und dann ist da noch dieses Strandfoto, auf dem sie einen etwas seltsamen Hut aufhat. Das gibt uns schon mal ein paar Stichworte für den Smalltalk – vielleicht aber auch ein vollkommen falsches Bild. Vielleicht steigt die Vorfreude auf das Treffen, vielleicht erlischt sie gänzlich. Jedenfalls fühlen wir uns ein klein wenig sicherer, denn wir wissen jetzt mehr als zuvor.

Nun erscheinen Sie also gut vorbereitet zur Verabredung (vor lauter Schnüffelei haben Sie hoffentlich nicht vergessen, sich auch ganz undigital auf die Suche nach Parfum, Kondomen und frischen Socken zu machen). Zweierlei kann jetzt schief laufen. 1. Sie blamieren sich fürchterlich, weil Ihnen GOOGLE eine verheerende Fehlinformation zugespielt hat. 2. Sie blamieren sich fürchterlich, weil Sie durch allzu profunde Kenntnisse auffliegen. Das erworbene Wissen gilt es unbedingt diskret anzuwenden. Wenn keins von beidem eintrifft – haben Sie trotzdem verloren. Denn es geht hier um etwas Grundsätzliches.

Das Gefühl der Sicherheit gibt es nur in einem faustischen Pakt. Im Tausch gegen die Chance auf eine echte Begegnung. In dem Moment, da Sie Ihr Date googeln, verschenken Sie das magische Element, das Sie später brauchen, wenn aus dem Date etwas werden soll. Die Liebe lebt von Zufall und Überraschungen. In der Liebe müssen wir den Mut noch haben, das Ungewisse zu umarmen. Wo, wenn nicht da?

Trauen Sie sich. Zwingen Sie sich. Unterdrücken Sie dieses eine Mal den natürlichen Impuls nach Kontrolle. Im Verlauf des Dates werden Sie noch genügend Gelegenheiten erhalten, Ihren Impulsen nachzugeben.

Welche Umgangsformen sind im Internet angebracht?

Es gibt das Internet nicht. Jedenfalls nicht als Gegenstück zu so etwas wie dem realen Leben. Das Internet ist heute ein integraler Bestandteil unseres Alltags, so dass es überhaupt keinen Sinn ergibt, es in irgendeiner Form davon abzukoppeln, als wäre es eine Parallelwelt mit anderen Regeln. Ob ich online bin oder offline, ich bin ich und verhalte mich in groben Zügen gleich. Genauso, wie ich nicht plötzlich ein komplett anderer Mensch werde, wenn ich meine Wohnung verlasse. Wenn ich mich online anders verhalte als offline, dann nur, weil ich mich an mein Umfeld anpasse. Genauso wie ich mich für einen Opernbesuch anders kleide als für einen Fernsehabend zu Hause, genauso wie ich mit guten Freunden anders spreche als mit den Zeugen Jehovas.

Das Internet ist nicht mehr die Spielweise der Anfangszeit, wo man in eine fremde, virtuelle Haut schlüpfen und sich austoben konnte. Das Internet ist erwachsen geworden – höchste Zeit für seine Nutzer, die digitale Pubertät hinter sich zu lassen.

Dazu gehört als Erstes, dass man sich im Netz als der ausgibt, der man wirklich ist. Pseudonyme stammen aus der Adoleszenz des Internets und bestärken nur die unnatürliche, scharfe Trennung von Onlineidentität und realer Person *(Siehe: «Was macht die Technologie mit unserer Identität?»)*. Nicht selten geht es dabei ganz feige darum, sich der Verantwortung zu entziehen für alles, was das eigene Alter Ego im Netz anstellt. Echte Namen schaffen Vertrauen, ermöglichen Gespräche auf Augenhöhe und stellen sicher, dass wir uns im Netz genauso verhalten, wie wir es für angebracht halten. Eben wie im «richtigen» Leben, zu dem das Internet längst gehört.

Die Umgangsformen im Internet können sich daher sinnigerweise nur an den gewohnten Umgangsformen orientieren. Umgangsformen speziell für das Medium Internet zu definieren wäre, als würde man welche für das Medium Papier definieren. Niemand käme auf die Idee, dass für ein Bewerbungsschreiben, einen Liebesbrief und eine POST-IT-Notiz dieselben Regeln gelten, bloss weil sie alle auf Zellulose geschrieben sind.

Die Netiquette war in der Anfangszeit des Internets der Versuch, eine Art Gentlemen's Agreement für den Umgang im virtuellen Raum einzuführen. Erklärtes Ziel der Netiquette war, Internet-Neulingen die Netz-Kultur beizubringen und eine gemeinsame Basis der virtuellen Kommunikation zu etablieren. 1995 war das sinnvoll, da damals fast jeder noch ein Internet-Neuling war.

Vieles aus dem Dokument der Internet Engineering Task Force mag dem heutigen Nutzer selbstverständlich vorkommen, gleichzeitig enthält es zahlreiche Empfehlungen, die noch heute Gültigkeit haben und die man sich durchaus ab und zu in Erinnerung rufen sollte (etwa, dass man Mails mit einem sinnigen Betreff beschriftet, dass man Smileys sparsam einsetzen und niemanden mit Grossbuchstaben ANSCHREIEN sollte).

Die zentrale Empfehlung war aber bereits damals, sich im Netz nicht anders zu verhalten als ausserhalb: «*In general, rules of common courtesy for interaction with people should be in force for any situation*», heisst es da. Es sei im Internet gar doppelt wichtig, dass man gängige Umgangsformen beachte, weil Körpersprache und Stimmlage, die normalerweise eine Äusserung einordnen, wegfallen. Die Netiquette mahnt zu Vorsicht und Zurückhaltung: «*Remember that the recipient is a human being whose culture, language, and humor have different points of reference from your own.*» Verschiedene Menschen, verschiedene (Gesprächs-)Kulturen.

Wer sich an diese Grundregeln hält und stets eine ordentliche Dosis gesunden Menschenverstand walten lässt, kann nicht viel falsch machen. Konkrete Empfehlungen – etwa, welche Anrede in E-Mails angebracht ist, wie viel grammatikalische Regeltreue nötig ist oder wie zurückhaltend man in sozialen Netzwerken agiert – sind dann gar nicht nötig, sondern ergeben sich aus der Situation heraus. Im Zweifel hilft eine Faustregel weiter, die ebenfalls bereits 1995 in der Netiquette festgehalten wurde: «*Be conservative in what you send and liberal in what you receive.*» Will heissen: Seien Sie zurückhaltend und bedacht, wie Sie sich äussern, seien Sie aber gleichzeitig nicht überrascht, wenn es andere nicht gleich halten. Ganz wie im «richtigen» Leben.

Was ist an diesem iPhone so toll?

Um zu verstehen, worin die Faszination des iPhone liegt, müssen wir es nicht anschauen, sondern darüber hinausblicken. Das iPhone wollte nie einfach ein Gerät sein, schon gar nicht das, was es im Namen vorgibt zu sein: ein Telefon. Das iPhone ist ein Accessoire, das Lifestyle-Statement des digitalen Nomaden, der da zu Hause ist, wo er mit der Welt verbunden ist. Nur ein Mobiltelefon hatte davor eine so klare Botschaft ausgesandt: der Blackberry als Erkennungszeichen der Wichtigen und Vielbeschäftigten. Das iPhone präsentierte sich von Beginn weg als nonchalanter Gegenentwurf all jener, die Wichtigeres im Leben zu tun haben, als immer nur zu arbeiten. Das iPhone mit seinen sanften Formen und dem gläsernen Touchscreen ist chic, es ist hip, es ist die formvollendete Verlängerung des narzisstischen Egos für die Hosentasche. Das man zur Hand nehmen kann und streicheln, wie es jedes Ego verlangt. Diese Qualität erklärt, wie das iPhone innert kurzer Zeit alle Augen auf sich ziehen und zum Objekt der Begierde werden konnte. Sie erklärt aber nicht, warum es diesem funkelnden Stück Technik gelungen ist, unser Leben so nachhaltig in Beschlag zu nehmen. Egos sind launisch und flüchtig, was heute hip ist, ist morgen von gestern.

Dem iPhone ist es gelungen, sich unverzichtbar zu machen. Seine Geschichte erzählt von der Reise zum Mittelpunkt unseres sozialen Lebens. Kein anderes Gerät hat sich je so fest in unseren

Alltag eingeflochten und unser Verhalten geprägt. Indem es nicht Bedürfnisse befriedigt, sondern neue in uns geweckt hat. Als erster massentauglicher Taschencomputer hat es uns ein Verhalten angewöhnt, das ohne iPhone nicht mehr auskommt. Auf alles, was uns das iPhone bietet, konnten wir davor gut verzichten. Nun wollen wir nicht mehr. Das kleine Ding hat sich als ständiger Begleiter an unsere Seite geheftet, der in jeder erdenklichen Situation mit Rat und Tat zur Seite steht.

Es ist die Partnerin, die in den Ferien an die Karte gedacht hat und weiss, wo es langgeht. Es ist der grosse Bruder, der jederzeit alles weiss, als wäre er GOOGLE. Es ist die Musikkennerin, die immer weiss, wie jener Ohrwurm heisst, der jetzt in der Bar gerade läuft, die gute Freundin, die uns einflüstert, was «Ich mag dein Kleid» auf Französisch heisst. Es ist der Connaisseur, der immer ein gutes Restaurant zu empfehlen weiss, der pflichtbewusste Kumpel, der auch nach einer durchzechten Nacht den Zugfahrplan auswendig kennt. Es ist der Fitnesstrainer, der uns für die Badesaison in Form bringt, und die beste Freundin, die hilft, die richtigen Kleidungsstücke zu kombinieren. Es ist Mutti, die für uns an alles denkt. Und es ist das beste Baby der Welt, das Papa nur in den richtigen Schlafphasen aufweckt.

All diese Rollen kann das iPhone spielen, weil es Teil eines riesigen Ökosystems an Applikationen ist, jener über 250 000 Programme, die dem Gerät mal diese, mal jene Seele einhauchen und das iPhone zu dem machen, was es ist: ein treuer Compagnon, viel mehr als ein Gerät, fast ein bisschen menschlich. Es ist nicht wie der Blackberry ein tumber Arbeitssklave, es ist all jene Menschen, die uns wichtig und wertvoll sind. Weil es das ist, fügt es sich beinahe nahtlos in unser soziales Leben ein.

Auch in geselliger Runde ist das iPhone kein Fremdkörper mehr, sondern gern gesehener Gast. Denn der kleine Begleiter tauscht sich auch gern mit anderen Menschen aus, selbst mit solchen, die keine Begleitung dabeihaben, sondern und nur ein gewöhnliches Handy. Kommt das Gespräch auf den neuesten YOUTUBE-Hit, ist klar, dass ein iPhone ihn kurz all jenen in der Runde abspielt, die ihn noch nicht gesehen haben. Schmiedet man gemeinsam Pläne für den nächsten Tag, ist es völlig normal, dass ein iPhone kurz den Wetterfrosch mimt. Mehr noch, wir alle haben schon Situationen erlebt, in denen das kleine Schwarze zum Star der Runde geworden ist. Etwa, wenn es sich in den Flaschengeist Akinator verwandelt und jede Person errät, an die man denkt. Oder wenn sich plötzlich alle als fingerfertige Fluglotsen bei Flight Control überbieten wollen und gebannt auf die Landebahnen auf dem kleinen Bildschirm blicken.

Aus dem einstigen Luxusartikel für Narzissten und Technophile wird zunehmend eine tägliche Notwendigkeit. Seit seiner Geburtsstunde Anfang 2007 hat APPLE weltweit über sechzig Millionen iPhones verkauft, die Eidgenossen sind dem Ding so sehr verfallen wie keine andere Nation, geschätzte 850 000 wurden in der Schweiz schon verkauft. Gefühlt sind es noch mehr, weil unter den sieben Millionen Handys, die schweizweit in Gebrauch sind, die iPhones bei weitem am sichtbarsten sind. Weil sie nicht Geräte sind, die man mit sich herumträgt, sondern Begleiter, die man bei sich hat.

Es erstaunt wenig, dass alle anderen Hersteller von Mobiltelefonen inzwischen das «Prinzip iPhone» kopiert haben: ein Gerät in edler Form, das direkt über Bildschirmberührungen gesteuert wird und mit einem Ökosystem an Programmen verknüpft ist, die jedem Benutzer das geben, was er will und braucht. Einzelne Geräte bieten bereits heute mehr als das iPhone, doch als Gesamtpaket, inklusive der APPLE-Aura und des Bonus des Erstgeborenen, bleibt es unangetastet. Und selbst wenn irgendwann das iPhone in seiner exklusiven Rolle an unserer Seite abgelöst werden sollte, dann nur von einem Gerät, das das «Prinzip iPhone» noch besser verwirklicht und sich noch unentbehrlicher macht.

Der tiefschürfende Schnitt, der ist vollzogen. Was einst ein Mobiltelefon war, haben wir so tief in unser Leben integriert, dass es uns in nahezu jeder Lebenssituation begleitet. Wie sehr, das erlebt der iPhone-Besitzer immer dann, wenn der Akku leer ist, der treue Begleiter schläft. Für ein paar Momente ist er dann ganz alleine. Ganz alleine unter Menschen.

Wie telefoniere ich in der Öffentlichkeit?

Gut, dass Sie fragen. Darüber müssen wir mal ein ernstes Wort reden. Es ist eine Zumutung, wie viele Menschen das öffentliche Telefonieren nicht beherrschen. Die einzige noch grössere Zumutung ist, dass genau jene es am exzessivsten tun. Als würden alle, die nicht fliegen können, als Piloten arbeiten.

Merken Sie sich die wirklich sehr einfache Regel: Sie können am Handy über alles sprechen, bloss nicht über eine Minute. Was Sie nicht in einer Minute mit Ihrem Gesprächspartner bereden können, gehört nicht in die Öffentlichkeit. Die Kürze zwingt Sie dazu, sich auf das Wesentliche zu beschränken und sachlich zu bleiben. Sie ersparen so Ihren Mitmenschen all jene Abgründe, die sich auftun, wenn zwei Menschen länger miteinander sprechen.

Niemand will hören, wie Sie mit Ihrem Partner darüber streiten, wer schuld war am letzten Streit. Niemand will hören, wie Sie Ihrer besten Freundin Ihre Bindungsängste und Ihre notorischen Fehlgriffe bei der Sexualpartnerwahl klagen. Niemand will hören, wie Sie Ihren Mitarbeiter zusammenstauchen, was er sich eigentlich dabei gedacht habe und warum er nicht längst blablabla. Niemand will hören, wie clever Sie Ihre Put-Optionen gecasht haben und welche Win-win-Deals Sie in der Pipeline haben. Es will auch ganz bestimmt niemand hören, wie Sie Ihrem Schatzi Ihren ganzen langweiligen Tag nacherzählen. Wahrscheinlich interessiert es nicht mal das Schatzi.

Würden sich alle an die 1-Minute-Regel halten, die Welt wäre eine bessere. Natürlich gibt es immer noch Menschen, die es sogar in einer halben Minute schaffen, sich am Telefon bis aufs Herz auszuziehen oder jemand anderen verbal auf die Grösse einer SIM-Karte zusammenzustauchen. Wer dieses Talent hat, der soll es ausleben dürfen. Eine Minute lang lässt sich alles aushalten.

Aus dem gleichen Grund können Sie von mir aus auch durch die Stadt schlendernd eine halbe Stunde lang telefonische Therapiesitzungen abhalten und selbstherrliche Monologe veranstalten. Niemand muss dann mehr als ein paar Wortfetzen von Ihnen ertragen. Brechen Sie die 1-Minute-Regel aber an einem Ort, an dem dieselben Leute dauernd zuhören müssen, im Zug, im Café, am Arbeitsplatz, dann sind Sie nicht weniger als der nervigste Mensch der Welt. Mögen die Blicke Sie töten.

Muss ich immer erreichbar sein?

Richtig bewusst wurde mir das Problem, als ich mir die automatischen Abwesenheitsmeldungen, die täglich in meine Mailbox trudeln, genauer angesehen habe. Da hat ein schleichender Wandel stattgefunden. Es heisst nun seltener, die Mails würden bis dann und dann nicht gelesen, weil der Empfänger in den Ferien ist. Mails werden neu bis dann und dann *nicht regelmässig* gelesen. Oder: nicht sofort beantwortet. Und für dringende Fälle steht immer öfter die Handynummer des Empfängers da, und nicht die Büronummer eines Stellvertreters.

Dass wir endgültig eine Grenze überschritten haben, wurde mir klar, als ich eines Samstags ein E-Mail verschickte und als Antwort erhielt: «Ich bin bis am Montag nicht im Büro. In dringenden Fällen erreichen Sie mich unter:» Ich starrte auf die Handynummer und war ratlos. Hier möchte sich jemand unglaublich wichtig machen, indem er mir mitteilt, dass er am Wochenende ausnahmsweise nicht arbeitet. Oder dieser jemand hat sich in einem Akt des vorauseilenden schlechten Gewissens dafür entschuldigt, dass er am Wochenende nicht arbeitet und gleichzeitig sichergestellt, dass er dennoch rund um die Uhr erreichbar ist. Ich fürchte, Letzteres war der Fall. Unerreichbarkeit ist längst zum Privileg jener geworden, die ohnehin niemand erreichen möchte. Wer nicht erreichbar ist, ist sozial stigmatisiert.

Es wäre keine allzu grosse Überspitzung mehr, wenn wir jeden Abend, bevor wir das Büro verlassen, eine automatische Antwort einrichteten, die informiert: Ich bin bis morgen früh nicht im Büro und lese meine Mails nur sporadisch. In dringenden Fällen bin ich auf dem Handy erreichbar. Wenn Sie möchten, können Sie auch jederzeit bei mir zu Hause vorbeikommen, ich habe ohnehin kein Privatleben mehr.

Dass viele von uns in diese Lage geraten sind, haben wir der Technik zu verdanken. Und uns selber zuzuschreiben. Wir haben uns so dressieren lassen. Per Handy sind wir heute überall und zu jeder Zeit zu erreichen, E-Mails checken wir auf dem Nachhauseweg noch kurz auf dem Smartphone. Und weil für viele die Arbeit nicht mehr an den Arbeitsort gebunden ist, setzen wir uns auch abends ans Notebook und erledigen «noch kurz etwas für morgen». Wir leben ein Leben auf Dauerpikett. Erreichbar, abrufbereit, gefangen im Mobilnetz.

Auch im Privaten haben wir uns diesem Erreichbarkeitswahn längst unterworfen. Wer auf SMS von Freunden nicht subito antwortet *(Siehe: «Wie schnell muss ich auf eine Nachricht reagieren?»)*, wird als treulose Seele abgestempelt. Die Logik ist einfach und unerbittlich: Wer technisch gesehen erreichbar ist – und wir alle sind es, immer – und dennoch nicht reagiert, ist ein schlechter Mensch. Oder liegt mit Genickbruch im Spital oder tiefer. Um solchen Deutungen keinen Raum zu lassen, gehen wir nirgendwo mehr hin ohne Handy. Oder rennen selbst in den Ferien ständig irgendwo ans Internet. Aus Angst, etwas zu verpassen und ein falsches Image verpasst zu bekommen. Also ehrlich, wenn ich sogar mein Handy extra einstecke, bevor ich im Keller die Wäsche aus der Maschine hole, dann stimmt doch etwas nicht mehr. Mit mir. Und mit der Gesellschaft, die mir mir dieses Verhalten aufzwingt.

Muss ich denn immer erreichbar sein? Nein, muss ich nicht! Es ist eine Neurose des Menschen, dass er alles, was möglich ist, immer gleich zum Gebot erheben muss. Die technische Errungenschaft war, den Menschen immer und überall erreichbar zu machen. Die zivilisatorische Errungenschaft wäre nun, darauf zu verzichten. Wie viele der Anrufe, SMS und E-Mails, die Sie zu Unzeiten erhalten, sind denn von solch weltbewegender Wichtigkeit, dass sie am nächsten Tag zur Marginalie würden und bis dann unbeantwortet eine Katastrophe auslösten? Wir nehmen uns viel zu wichtig, wenn wir glauben, die Welt könnte sich nicht auch mal ein paar Stunden von alleine drehen. Und wir nehmen alle anderen viel zu wichtig, wenn wir ihnen das Recht zugestehen, uns ständig zu beanspruchen.

Darum: Klinken Sie sich regelmässig aus. Abends, am Wochenende, in den Ferien sowieso *(Siehe: «Wo kann ich mich von diesem ganzen Technikwahnsinn erholen?»)*. Seien Sie nicht erreichbar. Wenn Sie jemand vorwurfsvoll darauf anspricht, sagen Sie, Sie seien damit beschäftigt gewesen, die Welt zu verbessern. Genau das haben Sie nämlich getan.

Sollten wir unsere Handschrift mehr pflegen?

Wie gerne würde ich hier klipp und klar antworten, dass die Handschrift ein längst überholtes Ärgernis ist. Ein Auslaufmodell, hochgehalten von Retromantikern und der Pädagogenmafia. Aber ich kann mir nicht helfen: Ich finde Menschen mit einer schönen Handschrift sympathischer, interessanter. Ich lese gerne

Handgeschriebenes. Ja, verdammt, ich mag es sogar, wenn ich beim Schreiben den Widerstand des Stifts auf dem Papier spüre. Die Handschrift ist mir lieber, als mir lieb ist. Gegen diesen inneren Konflikt hilft nur eine pragmatische Auslegeordnung. Die ich – *touché* – zunächst in einen Notizblock kritzle. Die Mission: die systematische Dekonstruktion der Handschrift. Jedes Argument pro Handschrift soll entkräftet werden, damit am Ende bewiesen ist: Die Handschrift ist unnütz. Sollte ich scheitern, werde ich zur Strafe zwei Seiten von Hand vollschreiben mit: Du sollst deinen Stift und dein Papier ehren. Warum zum Teufel schreiben wir heute also noch von Hand?

Weil wir müssen — In vielen Fällen schreiben wir tatsächlich nicht freiwillig von Hand. Wer erinnert sich nicht an schmerzende Handgelenke nach Prüfungen in der Schule oder Essays an der Universität. Manche von uns mussten gar das Schulfach «Schreiben» über sich ergehen lassen. Die Ausbildung der Handschrift wird als nötig angesehen, dabei plagen sich die Pädagogen damit selber – wie viel angenehmer wäre es, Prüfungen in *Times New Roman* anstatt fünfundzwanzig verschiedenen Sudelschriften zu korrigieren? Auch würde bei der Bewertung niemand mehr benachteiligt, bloss weil seine Schrift weniger kompetent aussieht. Wo die Handschrift nichts als Zwang und Zwängerei ist, hat sie keine Berechtigung. Bis vor wenigen Jahren musste die ganze Steuererklärung von Hand ausgefüllt werden. Wer käme denn heute noch auf eine solch absurde Idee? Lehrer.

Weil es am schnellsten geht — Einen Einkaufszettel schreiben, schnell eine Gedankenstütze notieren, dem Mitbewohner eine kurze Nachricht hinterlassen – das alles geht von Hand einfach am schnellsten. Hier können wir die Handschrift ganz unideologisch, also fern von Bildungsauftrag und Romantik, an ihrer Nützlichkeit messen. Neben dem klaren Vorteil beim Notieren gilt es jedoch zu beachten, wozu die Notiz dienen soll. Je nachdem ist dann die handschriftliche Lösung nicht mehr die beste. Die Nachricht an den Mitbewohner erreicht diesen per SMS zuverlässiger, die Gedankenstütze geht als Erinnerung im Handykalender weniger schnell vergessen. So oder so: Für die paar Notizen, die wir uns oder anderen von Hand hinkritzeln, brauchen wir unsere Handschrift nicht speziell zu pflegen.

Weil es persönlicher ist — Liebesbriefe, Glückwunschkarten, Kondolenzschreiben – ein ungeschriebenes Gesetz besagt, dass sie von Hand geschrieben sein sollen. Weil persönliche Botschaften persönlich daherkommen sollen. Und die Konvention sagt nun mal, dass Maschinengeschriebenes unpersönlich ist. Warum eigentlich? Weil es jemand anderes geschrieben haben könnte? Das wahrlich Persönliche an einer Botschaft ist doch nicht, wie sie geschrieben ist, sondern was geschrieben steht. Ein herzliches SMS ist wesentlich persönlicher als ein lieblos dahergeschriebenes Kärtchen. Die Handschrift darf nicht zum Alibi für unpersönliche Inhalte werden. Ist der Inhalt persönlich, so viel gestehe ich zu, verleiht ihm die Handschrift eine zusätzliche Intimität. Vor allem deshalb allerdings, weil es zum Ausdruck bringt, dass sich der Schreiber etwas mehr Zeit genommen hat, in der heutigen Zeit das vielleicht stärkste Zeichen der Wertschätzung.

Weil es beim Denken hilft — Die Handschrift kommt oft bei Entwürfen und Skizzen zum Einsatz. Ob Schreiner, Werber oder Webdesigner – sie alle beginnen in aller Regel mit einem Entwurf von Hand. Auch alle Texte in diesem Buch habe ich zunächst von Hand in einem Notizbuch skizziert. Die Handschrift ist ein grob unterschätztes Rückzugsgebiet, um gänzlich undigital Gedanken festzuhalten und zu entwickeln. Beim Skizzieren von Hand fliessen Ideen am rohesten ein, die Kreativität kann sich am besten entfalten. Der Grund dafür liegt buchstäblich auf der Hand.

Keine künstliche Benutzerschnittstelle zwingt uns ein bestimmtes Verhalten auf. Weil wir die Hände frei bewegen können, können es die Gedanken auch. Es ist kein Zufall, dass moderne Technikschnittstellen mit Touchscreens versuchen, möglichst nahe an natürliche Bewegungsmuster heranzukommen. Je wohler sich ein Mensch beim Benutzen eines Objekts fühlt, desto freier ist er. Es lässt sich nicht wegwischen: Als Mittel zum Entwickeln von Gedanken ist die Handschrift unverzichtbar.

Nun denn, ich werde meine beiden Strafseiten schreiben. Doch nicht, ohne zuvor für einen pragmatischeren Umgang mit der Handschrift zu plädieren. Wo sie nur Mittel zum Zweck ist, um etwas zu verschriftlichen, gehört sie abgeschafft. Stattdessen sollten wir die Handschrift da konsequent pflegen, wo sie einen wirklichen Wert hat. Um Gedanken zu entwickeln und um persönlichen Nachrichten eine zusätzliche persönliche Note zu geben.

Wo fahre ich ganz altmodisch analog besser?

Man muss kein unverbesserlicher Nostalgiker sein, der versessen an Büchern schnüffelt, Vinylplatten streichelt und ob des Raschelns von Zeitungspapier in Verzückung gerät, um in der heutigen digitalen Welt noch Kraftorte des Analogen zu erkennen. Sie sind da, auch für Pragmatiker nicht zu leugnen. Man findet sie indes nicht in der Welt der Dinge, wo jede Idee irgendwann von einer neueren überholt wird. Man findet sie da, wo im Ursprung kein Ding war: in der menschlichen Kommunikation. Von FACEBOOK zu Rauchzeichen zurückzukehren wäre nostalgische Esoterik. Der interessante Schritt zurück ist jener von medialer Kommunikation zu direkter, die von Angesicht zu Angesicht stattfindet. Alte Dinge können mit neuen selten mithalten. Keine Dinge sehr wohl.

Tyler Brûlé, der kosmopolitische Connaisseur, eigentlich bekannt dafür, Dinge auf der ganzen Welt zu empfehlen, die sich niemand leisten kann, hat einmal einen klugen Satz gesagt. Er kommentierte den Hype um neue Kommunikationsformen wie FACEBOOK und TWITTER lapidar: «Es gibt eine Form von Social Media, die wirklich funktioniert, beruflich wie privat. Man nennt sie ein Glas Wein zusammen trinken.» Auch wenn er dabei vermutlich an die limitierte Edition eines 1982er *Château de Vanité* mit exklusiver Tom-Ford-Etikette gedacht hat, trifft er den Kern. Der Wein und das Wort – sie passen nicht nur vom Klang wunderbar zusammen. Natürlich ist Brûlés Plädoyer für die weinselige Kommunikation mit Mass zu geniessen. Der analoge Dialog ist seinen digitalen Alternativen nicht grundsätzlich überlegen. Auf die Dauer wäre es auch ganz schön anstrengend, jede Form von Kommunikation auf dem Medium Wein aufzubauen. Um das richtige Mass zu finden und nicht bei den kommunikativen Alkoholikern zu landen, können Sie sich wiederum am Wein orientieren. Das Internet ist ideal, um Freunde nach einem empfehlenswerten Wein zu fragen; um Informationen über ein Weingebiet und Expertenmeinungen über den richtigen Jahrgang zu beschaffen; um Weinpreise zu vergleichen; und schliesslich, um Wein zu bestellen. Getrunken aber wird offline. Das Wichtigste gehört in die Realität ausserhalb des Netzes. Der Wein ist darum das Medium der Wahl, wenn die grossen Herausforderungen der zwischenmenschlichen Kommunikation anstehen: die Verführung, der Streit, die intelligente Unterhaltung. Fangen wir beim Letzten an.

Der Wein macht den Menschen zwar nicht intelligenter, und wer glaubt, er lasse ihn wenigstens intelligenter aussehen, dem fehlt bereits eine gewisse Grundintelligenz. Der Wein aber versetzt den Menschen in eine Stimmung, in der er in der Lage ist, sein intellektuelles Potenzial abzurufen. Weil er entschleunigt und die Gedanken fokussiert. Und weil der Wein als Genussmittel eine Würde ausstrahlt, welcher der Trinkende ebenbürtig sein möchte, weshalb er sich doppelt anstrengt. Zwei Menschen, wer sie auch sein mögen, werden bei einem Glas Wein immer das intelligentere Gespräch führen, als wenn sie ihre Gedanken bei TWITTER, FACEBOOK oder im Videochat austauschen.

Auch für den Streit gilt: raus aus dem Netz, ran an die Flasche. Insbesondere dann, wenn die Stimme beben und der Blick töten, das Ganze aber in eine gütliche Einigung münden soll. Nichts ist ärgerlicher, als wenn man nicht richtig zum Ausdruck bringen kann, wie verärgert man ist. Einen Streit digital auszufechten bedeutet immer, Emotionen codieren zu müssen (kennen Sie den vor Wut explodierenden Smiley bei SKYPE? Niemand nimmt den ernst, so süss ist der). Codierte Emotionen frustrieren und sorgen für Missverständnisse, ein guter Streit aber braucht unmissverständliche Emotionen. Was den Wein zum Konfliktlöser qualifiziert: Er beruhigt und verbindet. Das ist die beste Medizin, um nach einem echten Streit zu einer echten Lösung zu kommen. Zwei Menschen, worüber sie auch streiten mögen, werden bei einem Glas Wein immer den besseren Streit mit dem besseren Ende erleben, als wenn sie ihn in der digitalen Arena ausfechten.

Schliesslich die Verführung. Dass diese im Analogen besser funktioniert als im Digitalen, ist gar nicht so offensichtlich. Es geht hier nicht einfach darum, dass es nicht besonders prickelnd ist, wenn die letzte Frage lautet: zu YOUPORN oder MIRPORN? Das Spiel zwischen Nähe und Distanz, das für die Verführung essenziell ist (für eine Zweitmeinung lesen Sie bitte die Bücher von Lou Paget), lässt sich online genauso gut, wenn nicht besser spielen. Eine vertraute, offene Atmosphäre lässt sich auch in der digitalen Welt herstellen. Was nur bei einem Glas Wein geht: gemeinsam lachen und im richtigen Moment den Arm des Gegenübers leicht anfassen. Wirkt Wunder. Zwei Menschen, wie erpicht sie auch sein mögen, werden sich bei einem Glas Wein immer näher kommen, als wenn sie gegenseitig das Netz auswerfen.

Kurzum: Wenn es darauf ankommt, greifen Sie zur Flasche!

Machen Gadgets glücklich?

Der Mensch, insbesondere wenn er ein Y-Chromosom sein Eigen nennt, hat eine faszinierende Neigung, ob elektronischer Gerätschaften in Verzückung zu geraten. Einen tiefsitzenden Drang, zu besitzen, was nach Zukunft aussieht. Oder, etwas weniger mitfühlend ausgedrückt: eine ziemlich rätselhafte Zuneigung zu leblosen Objekten mit einem Innenleben aus modernster Technik. Angetrieben wird der Gadget-Ekstatiker von Neugier und Statusangst, beides rationalisiert zum Argument, dass der Besitz des Gadgets für den Alltag nützlich, wenn nicht überlebensnotwendig sei. Unter der Oberfläche, hinter den Augen des Versessenen nur mässig gut versteckt, verbirgt sich die eigentliche Triebfeder seines Handelns: Er ist auf der Suche nach Glück. Sie dürfen jetzt schmunzeln.

Glück ist ein grosses Wort. Es ist durchaus verständlich, dass verschiedene Menschen unterschiedliche Vorstellungen davon haben, wie man es erreicht. Klammert man mal jene aus, die das Glück in Keksen suchen, so bieten sich dem Suchenden fünf Pfade zur Glückseligkeit an. Die *Vita activa,* das Streben nach Ruhm und Ehre in Amt und Würden. Die *Vita contemplativa*, die Suche nach geistiger Befriedigung und Erkenntnis. Die Liebe. Religiöse Erfüllung in irgendeiner Form. Und schliesslich die rein hedonistische Genussmaximierung.

Auf welchem dieser fünf Pfade nun wandelt der Gadget-Verrückte? Nicht auf den ersten beiden. Sie sind den Lenkern und Denkern vorbehalten. Stattdessen irrlichtert er zwischen den anderen dreien hin und her. Er streichelt den Touchscreen seines Geräts in nah-erotischer Zuneigung. Er vergöttert den Hersteller und blickt herab auf jene Ungläubigen, die die kosmische Vollendung des Geräts nicht erkennen. Und er weiss, dass teuer gut sein muss und Glück teuer erkauft werden kann. Liebe-Religion-Luxus, die heilige Dreifaltigkeit der Einfältigen.

Und wie sie da so die Pfade entlangtorkeln, erkennen wir sie, die drei Archetypen der technikversessenen Anti-Pragmatiker. Ihnen allen gemein ist, dass sie die Gadgets überhöhen und in ihnen mehr sehen als ein Gerät, das bestimmte Funktionen ausführen kann.

Der Beta-Tester

Er ist vermutlich der Archetyp des Gadget-Verrückten. Er hat das neueste Handy bereits aus den USA importiert, wenn es hierzulande in den Verkauf kommt. Er steht um Mitternacht vor dem APPLE-Store an, damit er seinen Kumpels am nächsten Tag erzählen kann, dass er als Erster das neueste iDings hatte. Er ist verblendet genug, um jedes Gerät immer als Erster haben zu wollen; dann wenn es noch am teuersten ist und dazu voller Fehler. In aller Regel hat er einen eigenen Blog und twittert ununterbrochen. Schliesslich muss er – Phase 1 – herumposaunen, dass er «das Ding» schon hat, und – Phase 2 – seine ausgewiesene Expertenmeinung kundtun, wie monumental überlegen sein Ding allem ist, was wir Normalbestückten besitzen. Er geniesst es, wenn er anderen seine neuesten Errungenschaften vorführen kann (gerne auch ungefragt). Noch grössere Befriedigung gibt ihm, wenn er sich mit Gleichgesinnten messen und stundenlang über Produktspezifikationen debattieren kann, in einer digitalen Form des Gruppenwichsens. Nur ein böses Gerücht ist dagegen, dass der Beta-Tester selbst dann «Erster!» ruft, wenn er beim Sex wieder mal zu früh gekommen ist. Er hat nämlich gar keinen Sex.

Der Connaisseur

Für diesen Typus sind Gadgets Insignien der Klasse. Er zeigt mit ihnen, dass er Stil hat und grossen Wert auf Qualität legt. Es erklärt sich von alleine, dass er gerne zeigt, was er hat. Er tut dies mit einer gewählten Nonchalance, mit der er zum Ausdruck bringt, wie selbstverständlich das alles für ihn ist. Niemals würde er überschwänglich seine neueste Errungenschaft anpreisen. Ob Fernseher, Musikanlage oder innenbeleuchteter Sektkühler – jede Anschaffung ist einer übergeordneten Notwendigkeit geschuldet. Der Connaisseur, der Klasse verpflichtet, muss sich dieses oder jenes leisten, er will nicht. Auch das Lautsprecher-Kabel für 3000 Franken, das musste er kaufen; «Qualität kostet eben.» Ganz in seinem Element ist der Connaisseur, wenn er seine Ode an qualitativ hochwertige, formvollendete Technik singen kann, vorgetragen in distinguierten Worten, da und dort ein technisches Detail eingeflochten. Und während er in höhere Sphären der Glückseligkeit abhebt, bleibt dem Zuhörer das Staunen. Und das Gähnen.

Der urbane Mitläufer

Er besitzt ein iPhone, weil alle eins haben (er begründet stattdessen: «Das Design gefällt mir»). Und einen Mac, weil er kreativ wirken will («Ist intuitiv zu bedienen»). Seinen iPod hat er geschenkt bekommen. Eigentlich könnte der urbane Mitläufer diese ganze Gadget-Sache ganz entspannt sehen, schliesslich interessiert er sich nicht sonderlich für Technik. Er ist aber überzeugt, dass zu seinem Lifestyle die richtigen Gadgets dazugehören. Sie sind technische Accessoires für ihn. Er bemüht sich nicht, Trendsetter zu sein, es reicht ihm, wenn er nicht als Letzter in seinem Umfeld auf den Mainstream-Zug aufspringen muss (mit den Röhrenjeans und den CONVERSE-Schuhen hat er es damals genauso gehalten). Während andere mit ihren Gadgets auffallen wollen, ist ihm das Gegenteil gerade recht. Solange er in der hippen Kaffeelounge mit seinen Gerätschaften genau dem oberen Durchschnitt entspricht, ist er glücklich.

Halten wir fest: Ohne Verblendung dritten Grades ist es nicht möglich, Glück ernsthaft in Gadgets zu suchen. Und jetzt raus damit: Zu welchem der drei Typen gehören Sie?

Leben und Überleben
Seite 15 bis 44

Gut und Böse
Seite 45 bis 80

Stil und Anstand
Seite 81 bis 104

Rat und Tat
Seite 105 bis 132

Sein und Selbst
Seite 133 bis 162

Trends und Zukunft
Seite 163 bis 194

Wie finde ich im Netz, was ich suche?

Lassen Sie mich raten: Sie denken jetzt an GOOGLE. Dass ich recht habe, ist genau das Problem. GOOGLE ist zum Synonym für die Suche im Netz geworden. Weltweit laufen vier von fünf Suchanfragen über den Marktführer. Egal, was wir suchen, wir vertrauen GOOGLE. Dafür gibt es gute Gründe. GOOGLE ist ein hervorragender Generalist. Es gibt kaum etwas, worauf die grösste Suchmaschine der Welt keine Antwort weiss. Wenn man nur eine Suchmaschine benutzen dürfte, es müsste GOOGLE sein. Weil wir aber die Wahl haben, sollten wir sie ausnutzen.

Denn GOOGLE kann zwar alles, aber nicht alles am besten. Wer stets das grosse Ganze im Blick haben muss, hat nicht für jedes Detail einen geschärften Blick. In Nischen fährt man mit Alternativen oft besser. Wenn Sie offline nach Antworten suchen, verhalten Sie sich doch genauso. Wenn Sie einen Brief auf Französisch schreiben müssen, fragen Sie jene Freundin um Hilfe, die Romanistik studiert hat. Wenn Sie zum ersten Mal in die USA reisen, fragen Sie jene Freunde, die schon öfter dort waren. Und wenn Sie nicht wissen, wie Sie die verrostete Kette ihres Velos austauschen, dann fragen Sie den passionierten Gümmeler unter Ihren Kollegen. Tun Sie nicht? Sie fragen immer Mama? GOOGLE ist Mama. Wer immer nur googelt, ist ein Muttersöhnchen.

Zeit also, sich loszulösen und im Netz jeweils dort zu suchen, wo es die besten und schnellsten Antworten gibt.

Das Wichtigste in Echtzeit

ONERIOT — Das Web der Gegenwart braucht Suchmaschinen, die den reissenden Informationsfluss sofort in Bahnen lenken können. Nach Schätzungen von Suchmaschinenexperten drehen sich bis fünfzig Prozent aller Suchanfragen um aktuelle Ereignisse. Die Echtzeit-Suche von ONERIOT bietet bei einem Ereignis wie einer Naturkatastrophe oder einer Wahl den besten Überblick.

Informationen sind nicht rein chronologisch sortiert, sondern mit einem Algorithmus gewichtet. www.oneriot.com

Stimmungsbild aus der Netzgemeinde

TWITTER — Über den Kurznachrichtendienst werden täglich Millionen von persönlichen Meldungen geschickt. Richtig durchsucht, geben sie zu fast jedem Thema ein authentisches Stimmungsbild ab, etwa zu Produkten oder Firmen. Mit Filtern lässt sich die Suche geografisch, zeitlich oder sprachlich eingrenzen. Die Resultate werden streng chronologisch angezeigt und sind somit stark aktualitätsorientiert. search.twitter.com

Präzise Antworten von der Datenbank

WOLFRAM ALPHA — Der Taschenrechner unter den Suchmaschinen durchsucht nicht das Netz, sondern spezielle Datenbanken. Ihr Ziel ist nicht, die relevantesten Links zu einem Stichwort zu liefern, sondern exakte Antworten auf spezifische Fragen. Fragt man die Maschine, welches «das fünftgrösste Land» sei, so kriegt man die Antwort ohne Umwege ausgespuckt: Nach Fläche und nach Einwohnern ist es Brasilien, nach dem Bruttoinlandprodukt gerechnet Grossbritannien. Das Wetter am 26. August 1982 in Zürich? Bewölkt, 18 Grad, windstill. Für Informationen, die sich aus Listen und Statistiken kombinieren lassen, ist WOLFRAM ALPHA unschlagbar. www.wolframalpha.com

Netz-Fichen zu Personen

123PEOPLE — Wer Informationen über bestimmte Personen sucht, wird bei der spezialisierten Personensuchmaschine fündig. 123PEOPLE findet Kontaktdaten, Bilder, Websites, Medienberichte und Profile bei sozialen Netzwerken. Selbst Firmen, mit denen jemand assoziiert ist, werden aufgelistet. 123PEOPLE eignet sich damit auch ausgezeichnet, um im Auge zu behalten, was über einen selber im Netz gespeichert ist. www.123people.ch

Bilder, die sich sehen lassen

COMPFIGHT — Das Problem der Bildersuche von GOOGLE ist, dass sie furchtbar viele schlechte Bilder findet. Anders COMPFIGHT. Die spezialisierte Bildersuchmaschine durchsucht nur die grösste Foto-Community des Webs, FLICKR, und liefert damit Bilder von deutlich höherer Durchschnittsqualität. Wer die Bilder weiterverwenden möchte, findet ausserdem gleich zu jedem Bild einen Hinweis, unter welcher Lizenz es veröffentlicht wurde und wer der Urheber ist. www.compfight.com

Die Welt des gedruckten Wortes

GOOGLE Scholar / GOOGLE Books — Die beiden Spezialsuchen von GOOGLE, finden wissenschaftliche Publikationen und Bücher. Bei einer immer grösseren Zahl von Büchern (bereits über 10 Millionen) bietet GOOGLE Books die Möglichkeit, auch den Inhalt des Buchs zu durchsuchen und direkt online zu lesen. scholar.google.com, books.google.com

Reiseplaner und Preisvergleich

KAYAK — auch für die Reiseplanung gibt es eine spezifische Suchmaschine. Ob Flüge, Hotels oder Mietautos – im Nu sind bei KAYAK alle Angebote aufgelistet und die günstigsten Tarife gefunden. Wer eine Fluglinie bevorzugt oder eine Budgetobergrenze für das Mietauto hat, kann die Suche entsprechend eingrenzen. Selbst Unentschlossene werden versorgt: Man tippt seinen gewünschten Startort ein und erhält eine Liste mit aktuell günstigen und beliebten Destinationen. www.kayak.com

Musik, soweit das Ohr reicht

BLOSON MUSIC — Wer einen bestimmten Song oder ein ganzes Album hören möchte, kommt mit BLOSON (ehemals SeeqPod) am bequemsten zum Ziel. Die Suchmaschine findet über acht Millionen Songs und spielt sie direkt ab. Auch den Videoclip zum jeweiligen Song zeigt die Suchmaschine gleich an. Tippt man den Namen einer Band ein, erhält man Alben, Songs und Videoclips schön sortiert aufgelistet. music.bloson.com

Die persönliche Expertise

FACEBOOK — Warum Maschinen fragen, wenn auch Menschen antworten können? Bei FACEBOOK können Sie, sofern Sie angemeldet sind, Fragen per Statusmeldung in die Runde werfen. Je grösser und hilfsbereiter Ihre Schar von Freunden ist, desto grösser die Chance, brauchbare Antworten zu erhalten. Seit Sommer 2010 bietet FACEBOOK ausserdem ein spezielles Feature an, um Fragen an die Community zu richten. www.facebook.com

Wie verhindere ich, dass das Netz meiner Karriere schadet?

Die kurze Antwort lautet: Seien Sie nicht dumm.

Die ausführlichere geht so: In den meisten Fällen, in denen das Internet einer Karriere Schaden zufügt, trägt der Betroffene selber die Schuld. Das Internet an sich tut gar nichts. Sonst müsste man fairerweise sagen, dass das Telefon und vor allem das Mundwerk schon einige Karrieren mehr auf dem Gewissen haben. Das Internet ist nur der Stolperstein, der den Unvorsichtigen ins Straucheln bringt.

Zum Beispiel jene Frau, die für ihre Freunde sichtbar in ihr FACEBOOK-Profil schrieb: Ich hasse meinen Job, mein Chef ist ein totaler Idiot. Dumm nur, hatte sie ebendiesen Chef irgendwann als FACEBOOK-Freund hinzugefügt. Seine Antwort, direkt bei FACEBOOK: Du musst morgen nicht mehr kommen. Oder jene, die nach Feierabend gerne ein wenig über die Stränge schlagen und in Blogs oder bei TWITTER Dinge schreiben, die jeden, der beim Googeln später darauf stösst, an der Seriosität des Schreibers zweifeln lassen. Und natürlich auch jene, deren bierselige Eitelkeit stärker war als der Verstand – und von denen nun der eine oder andere Exzess in Form von Partybildern im Netz dokumentiert ist. Die Liste der Beispiele liesse sich beliebig verlängern, denn wenn etwas keine Grenzen kennt, so ist das, wie bereits Einstein wusste, neben dem Universum die Dummheit der Menschen.

Die wichtigste Vorsichtsmassnahme besteht darin – so banal das auch klingt –, zu verstehen, wie das Internet funktioniert. Wer im Netz Spuren hinterlässt, kann sicher sein, dass diese bald von GOOGLE (und allen anderen Suchmaschinen) aufgespürt werden. Und was bei GOOGLE erscheint, wird früher oder später gesehen. GOOGLE ist die erste Anlaufstelle für all jene, die sich ein Bild von Ihnen im Netz machen wollen. Ein Sonderfall sind soziale Netzwerke wie FACEBOOK, LINKEDIN oder XING. Hier können Sie einschränken, wer zu sehen bekommt, was Sie veröffentlichen. Wer das ist, definieren Sie über die Privatsphäre-Einstellungen und darüber, wen Sie zu Ihren Kontakten aufnehmen.

Es geht darum, dass Ihnen bewusst ist, und zwar bei allem, was Sie im Netz veröffentlichen, sei es ein Bild, ein Kommentar, eine Semesterarbeit oder auch nur ein Link zu einer Website, wer genau es zu sehen bekommt. In dem Moment, da Sie es veröffentlichen. Aber auch später – wenn es über Suchmaschinen weiter sichtbar ist.

Selbst wenn Sie selber sehr vorsichtig sind, kann es aber passieren, dass Informationen über Sie oder Bilder von Ihnen im Netz kursieren, die Ihnen nicht genehm sind. In der Regel geschieht das, weil andere unvorsichtig oder sorglos sind, in Ausnahmefällen begeht jemand gezielten Rufmord gegen Sie (dagegen können Sie, anders als gegen die Naivität des Menschen, rechtlich vorgehen).

Sie kommen also nicht umhin, in einem gewissen Rahmen ein Monitoring Ihrer eigenen Online-Präsenz zu betreiben. Googeln Sie sich regelmässig selber, um zu sehen, welche Treffer dabei erscheinen. Lassen Sie sich von FACEBOOK (oder dem sozialen Netzwerk Ihrer Wahl) benachrichtigen, wenn Sie auf einem Foto markiert werden. Wenn Ihnen dies zu mühselig ist oder Sie die Arbeit lieber Profis überlassen wollen, können Sie einen Dienst wie etwa Reputation Defender damit beauftragen. Für 15 bis 20 Franken im Monat wird Ihr Ruf im Netz beobachtet und bei Bedarf werden unerwünschte Inhalte zum Verschwinden gebracht (wie genau sie das machen, bleibt Geschäftsgeheimnis, es ist aber anzunehmen, dass sie sich ähnlicher Methoden bedienen, die man als Privatperson auch anwenden könnte, bloss mit mehr Erfahrung und Wissen um die verschiedenen Möglichkeiten, etwas zum Verschwinden zu bringen).

Eine sehr effektive Präventivmassnahme besteht darin, aktiv das eigene Bild im Netz zu prägen. Melden Sie sich zu Wort, präsentieren Sie sich im Netz, steuern Sie den Informationsfluss. Mit einer eigenen Website und einer gut gepflegten Präsenz auf einigen Netzwerkplattformen sorgen Sie dafür, dass die ersten GOOGLE-Treffer zu Ihrem Namen solche sind, die Sie kontrollieren. Sie bestimmt dort, was über Sie geschrieben und wie viel von Ihnen preisgegeben wird. Und Sie können jederzeit Dinge löschen oder hinzufügen. Wer Sie via Suchmaschine im Netz sucht, wird dort landen und Sie so kennen lernen, wie Sie es möchten. Wer allerdings gezielt über Sie recherchiert (und davon müssen Sie heute ausgehen, wenn Sie sich auf eine Stelle bewerben), wird weiterhin auch alle anderen Spuren finden, die Sie oder andere über Sie im Netz hinterlassen.

Gleich in Panik verfallen müssen Sie deswegen nicht. Nur weil Sie einmal unbedacht gehandelt haben und GOOGLE dies aufgezeichnet hat, sind Sie nicht sofort ans Messer geliefert. Ihre Informationen aus den Weiten des Netzes landen am Ende immer bei Menschen. Und die sind schlau genug, einzuordnen, was sie sehen. Sorgen Sie einfach dafür, dass bei der Einordnung nicht allzu viel Toleranz nötig ist.

So halten Sie sich im Netz schadlos

Vorsicht — Passen Sie die Privatsphäre-Einstellungen aller Dienste, die Sie nutzen, genau Ihren Bedürfnissen an und kontrollieren Sie die Einstellungen regelmässig.

— Pflegen Sie Ihre Kontaktliste in sozialen Netzwerken regelmässig, damit Sie immer wissen, wer zu sehen bekommt, was Sie veröffentlichen.

— Nutzen Sie die Möglichkeit, Ihre Kontakte in Gruppen zu unterteilen, damit nur echte Freunde wirklich Privates zu sehen bekommen.

— Veröffentlichen Sie keine Privatfotos auf öffentlich zugänglichen, von Suchmaschinen erfassten Seiten.

— Schreiben Sie auf öffentlich zugänglichen Seiten wie TWITTER, Blogs oder Foren immer mit Bedacht.

Monitoring — Googeln Sie regelmässig Ihren eigenen Namen, beachten Sie dabei auch die Resultate in der Bildsuche.

— Überprüfen Sie die Resultate, die eine spezielle Personensuche wie 123PEOPLE.ch über Sie anzeigt.

— Wenn Ihr Name einzigartig genug ist: Richten Sie einen GOOGLE Alert ein, damit Sie eine Nachricht erhalten, wann immer GOOGLE einen neuen Eintrag zu Ihrem Namen im Netz findet.

— Lassen Sie sich vom sozialen Netzwerk Ihrer Wahl benachrichtigen, wenn Sie jemand auf einem Foto markiert.

Aktives Imagemanagement — Bestücken Sie eine eigene Website oder das Profil bei einem berufsorientierten Netzwerk wie XING und LINKEDIN mit genau jenen Informationen, die man über Sie im Netz finden soll, und verlinken Sie wo immer möglich auf diese Seiten, damit sie in den Suchresultaten prominent erscheinen.

— Kontaktieren Sie Personen, die Inhalte im Netz veröffentlicht haben, die Ihnen schaden könnten, mit der Bitte, die Inhalte zu entfernen.

— Beauftragen Sie einen professionellen Anbieter wie REPUTATION DEFENDER, Ihren Ruf im Netz zu pflegen.

Wie bewältige ich eine Hotline?

Guten Tag, willkommen in der Hotline-Hotline. Zurzeit sind leider alle unsere Mitarbeiter besetzt. Bitte haben Sie einen Moment Geduld und wundern Sie sich nicht, wenn dieser Moment eine gefühlte Ewigkeit dauert. Ihr Anruf ist uns wichtig, schliesslich kassieren wir dafür ordentlich ab. Dieses Gespräch kann zu Schulungszwecken aufgezeichnet werden. Wenn Sie mehr über unser Angebot erfahren wollen, drücken Sie die Taste 1. Sie können dann zu vergünstigten Preisen unsere überteuerten Produkte kaufen, damit Sie in Zukunft noch mehr Gründe haben, unsere Hotline zu wählen. Wenn Sie bereits genervt sind und jetzt sofort mit einem unserer kompetenten Mitarbeiter sprechen wollen, drücken Sie die Taste 2. Wiederholen Sie diesen Vorgang, bis am anderen Ende jemand abnimmt. Wenn Sie einfach etwas Fahrstuhlmusik hören wollen, lehnen Sie sich zurück. Da sind Sie bei uns genau richtig. Guten Tag, willkommen in der Hotline-Hotline. Zur Zeit sind leider alle unsere Mitarbeiter besetzt. Ah, haben wir das schon gesagt? Dann drücken Sie jetzt Taste 2.

Man müsste sie erfinden, die Hotline-Hotline, die Hotline-Geschädigten hilft, eine Hotline um Hilfe zu fragen. Wie jede andere Hotline würde sie Zeit, Nerven und 1.50 Franken pro Minute kosten. Und derjenige, der sie erfunden hat, würde jeden Morgen und jeden Abend schallend lachen über die teuflische Genialität seiner Idee, die sich von alleine in alle Ewigkeit neue Kunden zuführt.

Die Hotline, sie ist der gordische Knoten der telekommunikativen Gesellschaft, die letzte grosse Herausforderung der Postmoderne, der direkte heisse Draht zur Vorhölle. Und sollte irgendwann irgendjemand tatsächlich eine Lösung für die ganze Misere gefunden haben – ja dann ist sie vermutlich verdammt nochmal ausgerechnet dieses eine Mal nicht zu Schulungszwecken aufgezeichnet worden.

Eine Lösung für alle Hotline-Probleme kann ich leider nicht bieten (hätte ich eine, so würde ich eine Hotline-Hotline eröffnen und damit viel Geld verdienen). Linderung aber, das liegt drin.

Regel Nummer 1 des Hotline-Fight-Clubs lautet: Ruf nicht an! Frage im Bekanntenkreis, ob jemand weiterhelfen kann.

Regel Nummer 2 des Hotline-Fight-Clubs lautet: Ruf nicht an! Schaue im Netz, ob du eine Lösung findest.

Führt tatsächlich kein Weg an der Hotline vorbei, gilt Regel Nummer 3, die da lautet: *Float like a butterfly, sting like a bee!* Entscheidend ist die richtige Vorbereitung. Nie unter Zeitdruck anrufen, weil es immer länger dauert als erwartet und weil ein abgebrochenes Hotline-Gespräch fast immer bedeutet, dass man beim nächsten Mal von vorne beginnen muss. Immer abklären, wie viel die Hotline kostet. Alle Unterlagen zur Hand haben, die irgendwann gefragt sein könnten, ebenso einen Stift und ein Blatt Papier, damit Sie Notizen machen und sich mit Kritzeleien selber beruhigen können. Rufen Sie in Randzeiten an, idealerweise am Morgen, da sind die Leitungen nicht so verstopft und die Mitarbeiter noch unverbraucht.

Bevor Sie nun den Hörer zur Hand nehmen, suchen Sie sich eine Beschäftigung, die Sie nebenher tun können, während Sie in der Warteschlaufe hängen. Hemden bügeln, Küche aufräumen, so was halt. Wichtig ist, dass Sie nicht ungeduldig und genervt werden während des Wartens. *Float like a butterfly,* zustechen kommt später. Werden Sie schliesslich verbunden, atmen Sie durch und denken daran: Die Person am anderen Ende ist auch nur ein

Mensch. Der nicht schuld ist an Ihrem Problem und auch nichts dafür kann, wenn er es nicht lösen kann. Er ist einfach das arme Schwein, das den Kopf hinhalten muss. Sprechen Sie freundlich und sagen Sie klar, was Ihr Problem ist und was Sie wollen. Je nach Gesprächspartner und Problemlage folgt jetzt eine mittellange bis sehr lange Geduldsprobe.

Ist die Lösung in Griffnähe, schlagen Sie zu. *Sting like a bee!* Versprechen und vage Zusagen nehmen Sie nicht hin. Bestehen Sie auf verbindliche Informationen, auf die Sie sich wenn nötig berufen können. An dieser Stelle ist sanfter Druck gefordert, freundlich, aber bestimmt. Haben Sie, was Sie wollten, fragen Sie, wie Sie auf dieses Gespräch Bezug nehmen können, falls Sie nochmals anrufen müssen (Sie müssen). Lächeln Sie und wünschen Sie dem Hotline-Mitarbeiter einen schönen Tag. Fluchen können Sie, sobald Sie aufgelegt haben.

Kann mir das Internet Entscheidungen abnehmen?

Das Leben ist im Grunde nichts weiter als eine Abfolge von Entscheidungen, die wir treffen. Trinke ich den Kaffee heute ohne Zucker? Welche Schuhe ziehe ich an? Kündige ich meine Stelle und wandere aus? Täglich treffen wir Hunderte Entscheidungen, die meisten sind so unbedeutend oder so routiniert, dass wir gar nicht mehr merken, dass wir uns entscheiden. Sobald wir uns bewusst entscheiden müssen, wird es unangenehm. Entscheiden bedeutet, vielleicht das Falsche zu tun. Und doch ist es das Entscheiden oder vielmehr die Möglichkeit, sich entscheiden zu können, was uns zu freien Menschen macht. Wer nicht entscheiden kann, ist unfrei. Ist fremdbestimmt.

Doch wer sagt mir schon, dass die weisesten Entscheidungen für mich herauskommen, wenn ich sie selber treffe? Die Erfahrung lässt eher das Gegenteil wahr erscheinen. Und wer frei entscheiden kann, kann schliesslich auch entscheiden, nicht mehr selber zu entscheiden. Ich lasse mich auf ein Experiment mit HUNCH ein, der «Entscheidungsmaschine». Die Website hunch.com ist dafür gemacht, dem Menschen Entscheidungen abzunehmen. Einen Tag lang will ich mich voll auf die Entscheidungsmaschine verlassen, lasse mich als Marionette von der unsichtbaren Hand des Internets führen.

Der Tag beginnt mit dem Blick in den Spiegel: rasieren oder nicht? Ich tippe meine Frage auf der Website ein. HUNCH kommt zu seinen Empfehlungen, indem es Gegenfragen stellt. So lange, bis es weiss, welche Entscheidung die richtige ist. Nein, Rasieren macht mir keinen Spass; die letzte Rasur ist weniger als sieben Tage her; Leute, die ich mag, finden Bart gut, antworte ich auf die Nachfragen. HUNCH meint: nicht rasieren. Ich streife mir ein Hemd über (das passt zum Wetter, zu meiner Stimmung und meinen Tagesplänen, sagt die Maschine) und widme mich dem Frühstück. Ein Stück Brot und ein Joghurt sind genau richtig (leicht, kalt, schnell zuzubereiten).

So weit, so unspektakulär. Das hätte ich mir alles auch selber überlegen können. Gerade darin liegt die Stärke der Entscheidungsmaschine. Sie zwingt einem nichts auf, sie hilft einem auf die Sprünge, indem sie die richtigen Überlegungen anregt. Jede Nachfrage ist so gestellt, dass mit meiner Antwort die Zahl der möglichen Alternativen sinkt. So lange, bis nur noch eine Wahl sinnvoll erscheint. Woher HUNCH diese Weisheit hat, sollen wir später erfahren. Vorerst lasse ich mich von der Maschine beeindrucken, ohne ihr Geheimnis zu kennen. Ausserdem muss ich nun an die Arbeit. Findet nicht HUNCH, wohl aber mein Verleger.

Sollte ich vielleicht für GOOGLE arbeiten?, frage ich mich zwischendurch. Und wenn ich sage, ich frage mich, dann meine ich heute natürlich: Ich frage HUNCH. Kommt nicht in Frage, weiss die Maschine. «Hast du einen Stanford-Doktortitel in Computerwissenschaft?» ist deutlich genug. Autsch.

Nun gilt es ernst für die Maschine. Eine Digitalkamera möchte ich mir kaufen. Hier wüsste ich alleine nicht weiter, schlechter Rat kann teuer enden. Was soll es sein? Eine Spiegelreflex. Günstiger als 600 Franken. Die Marke ist mir egal. Ob ich ein guter Fotograf sei? Naja, geht so. Die Maschine schlägt eine SONY und eine OLYMPUS vor, mit leichten Vorteilen für die SONY. Eine Minute hat die Entscheidungsfindung gedauert – rekordverdächtig. Verdächtig allemal. Zwei Fachmagazine, die ich beiziehe, bestätigen mein Misstrauen nicht. Beiden Kameras wird hervorragende Qualität bescheinigt. Zu einer Fülle von technischen Geräten weiss HUNCH Rat, ob man sie anschaffen soll und wenn ja, welches Modell. Ich lasse es mir nicht nehmen, kurz bereits getroffene Entscheidungen aus der Vergangenheit zu überprüfen: Ich besitze das richtige Handy, aber das falsche Netbook. Eingangsthese gestützt: Es gibt gute Gründe, nicht selber zu entscheiden. HUNCH weiss es besser.

HUNCH weiss es umso besser, je länger ich die Maschine nutze und je mehr sie über mich erfährt. Mit den Entscheidungen, die ich heute schon mit HUNCH getroffen habe, hat es bereits einiges über mich gelernt. Ich kann die Maschine aber auch ganz gezielt mit Informationen füttern und ihr meine Vorlieben verraten. Mein Profil wird anhand von bis zu 1250 Fragen geschärft, zu Geschlecht, Alter und Wohnort, aber auch, ob ich gerne unsterblich wäre (weiss nicht), ob ich unter der Dusche singe (nein, nie) und ob ich einen Papierflieger im ersten Anlauf falten kann (ja, selbstverständlich). Bevor die Maschine das nächste Mal eine Empfehlung ausspuckt, vergleicht sie, ob andere nicht singende Papierfalter mit nicht klar definiertem Unsterblichkeitswunsch sie treffend fanden.

Beim Mittagessen (HUNCH hat mich zum Inder geschickt) will ich meinen Coiffeur anrufen. Doch Moment, das habe nicht ich zu entscheiden. Tatsächlich findet mein digitaler Vormund, ich könne noch zuwarten mit dem Haareschneiden. Eine Tasse

Kaffee darf ich mir aber genehmigen? Ja, ist erlaubt (fühle mich leicht schläfrig, spüre kein Herzrasen, keine Koffeinexzesse in den letzten sieben Tagen).

In den Nachmittag starte ich mit einem kurzen Reality-Check. Ich bin nicht TWITTER-süchtig (jedenfalls sagt das HUNCH, das nicht gemerkt hat, dass ich bei einer Antwort geflunkert habe). Eigentlich sollte ich in den USA leben oder in Portugal. Oder auf Barbados, jedenfalls nicht in der Schweiz. Egal, wo ich lebe, eins sollte ich, bevor ich sterbe, auf jeden Fall noch tun (etwas Herausforderndes, Tod nicht in den nächsten zwanzig Jahren erwartet): ein Buch schreiben (was hiermit getan wäre – möge mich bitte kein Blitz treffen).

Die weise Maschine schreckt auch vor den grossen Fragen des Lebens nicht zurück. Soll ich an Gott glauben? Soll ich Sex mit der Ex haben? (zweimal: nein). Selbst bei solch delikaten Fragen verblüfft HUNCH mit klugen Gegenfragen und kommt zu einer nachvollziehbaren Empfehlung. Deshalb weiss sie auch, ob ich eine Freundin brauche: «*You're in heaven,* du brauchst keine» (für diesen Ratschlag musste ich unter anderem erklären, welche Musik mir am besten gefällt, und aussuchen zwischen Chris de Burgh, Céline Dion, Scooter und Britney Spears). Wenn das die Hintergrundmusik ist, dann möchte ich diesen Himmel lieber nicht kennenlernen. Kurz zweifle ich an HUNCH, zum ersten Mal.

Solch dumme Fragen kann eigentlich nur ein Mensch stellen, nicht aber meine weise Maschine. Nun, hier kommt die Auflösung des Rätsels, genau genommen kommen die Fragen von Menschen. Jeder, der glaubt, in einem Gebiet besonders gut Bescheid zu wissen, kann einen Fragenkatalog erfassen, der schliesslich zu einer Empfehlung führt. Die Leistung der Maschine besteht darin, dass sie einzelne Fragen nach einem Algorithmus so kombiniert, dass sie zu einer tragfähigen Empfehlung führen. Ausserdem lernt sie stetig dazu, indem die Nutzer ihr sagen, wie gut sie die ausgesprochene Empfehlungen finden.

Der Feierabend ist noch eine gute Stunde entfernt, da stellt sich langsam die Frage: Soll ich heute früher Schluss machen? Ja, geht in Ordnung, meint die Maschine (sonniges Wetter, keine schlimmen Konsequenzen zu befürchten). Und was soll ich dann tun? Ein Feierabendbier trinken. HUNCH ist gut.

Da sitze ich also, völlig fremdgesteuert, bei einem kühlen Turbinenbräu. Eine letzte Frage muss mir meine weise Maschine nach diesem strengen Tag noch beantworten. Sollte ich eine Honorarerhöhung verlangen? Nein, eher nicht, meint HUNCH.

Wozu ist TWITTER gut?

In maximal 140 Zeichen der Welt mitteilen, was man gerade tut. Immer und immer wieder. Das ist TWITTER. Man veröffentlicht seine Kurznachrichten im Netz, für jeden, den es interessiert. Die ideale Beschäftigung, möchte man meinen, für Gelangweilte, Narzissten und – Gott behüte! – gelangweilte Narzissten.

Natürlich würde ich nie zugeben, dass ich ein gelangweilter Narzisst bin. Warum also nutze ich, David Bauer, Journalist und Mensch, TWITTER?

Man muss sich TWITTER wie eine Party vorstellen. Eine grosse Party.

Man geht hin, um sich zu unterhalten, um Neuigkeiten zu erfahren, um neue Leute kennen zu lernen. Und natürlich, um sich selber zu präsentieren. Das alles bietet TWITTER.

Bloss auf den sozialen Brandbeschleuniger Alkohol müssen Sie hier verzichten. Genau genommen ist TWITTER selber ein Substitut dafür: Es sorgt dafür, dass unterschiedlichste Menschen leicht ins Gespräch kommen.

Wie bei jeder Party ist es am Anfang etwas mühsam. Man muss sich erst einmal orientieren, seine Leute suchen. Und dieser Lärm!

Als ich kurz vor Weihnachten 2008 zu TWITTER stiess, war die Party schon in vollem Gange (auch wenn der grosse Ansturm erst folgen sollte).

Alles, was ich zunächst vernahm, war ein riesiges Durcheinander, ein Geschnatter allerorten. Jeder Mensch eine Profilseite, gefüllt mit Kurznachrichten, zusammen ein Umschlagplatz Abertausender Nichtigkeiten.

Man schlendert ein wenig durch die Menge, hält Ausschau nach Menschen, die einem bekannt vorkommen, und beobachtet, wie sich die Leute hier so verhalten. Zu Beginn habe ich einfach zugehört, was die Leute zu erzählen haben. Solchen, die ich kannte. Solchen, die gleich daneben standen.

Man braucht nicht lange, um festzustellen: Es gibt sie auch hier, die Langweiler, die nur aus ihrem durchschnittlichen Alltag plaudern, die Selbstverliebten, die die ganze Zeit nur über sich reden, und Sonderlinge, die immer nur eines im Kopf haben *(Siehe: «Machen Gadgets glücklich?»)*.

Es gibt aber auch andere: kluge Köpfe, die Interessantes zu berichten haben, Insider, die das Neuste immer zuerst wissen, gewitzte Menschen, denen man einfach gerne zuhört. Bei einigen habe ich schliesslich auf den *Follow*-Knopf gedrückt, was nichts anderes ist als das Versprechen: «Ich höre dir zu.» Alle Kurzmitteilungen dieser Personen kommen seitdem automatisch auf meinen Bildschirm, alle durchmischt, streng chronologisch sortiert.

Die Kunst von TWITTER besteht darin, die Leute zu finden, denen zuzuhören sich wirklich lohnt. Wie in jeder anderen Lebenssituation auch. Das ganze Geschnatter drumherum lässt sich dann problemlos ausblenden.

Wer nervt, ist mit einem Klick weg. Partylangweiler haben keine Chance.

So erfahre ich Anekdoten und Neuigkeiten von Menschen, mit denen ich sonst kaum in Kontakt käme. Ich werde auf spannende Dinge aufmerksam, die ich selber nicht gefunden hätte, weil ich sie nicht gesucht habe. Dabei kann ich problemlos an Dutzenden Orten gleichzeitig sein, mit einem Ohr zuhören. Meine Aufnahmefähigkeit ist das einzige Limit.

Darüber hinaus besitzt TWITTER eine grössere Dimension. Wo die Party aufhört und der Ernst beginnt. Mit inzwischen über hundert Millionen Nutzern ist TWITTER ein mächtiges Kommunikations- und Mobilisierungsnetzwerk geworden.

Bei den Protesten gegen das Regime in Teheran hat TWITTER Stimmen des Widerstands in die ganze Welt hinausgetragen und eine riesige Solidarisierungswelle ausgelöst *(Siehe: «Macht das Internet die Welt demokratischer?»)*. Nach dem Erdbeben in Haiti verbreiteten sich Spendenaufrufe über TWITTER. Bei der Präsentation des iPads von APPLE war TWITTER das Stimmungsbarometer des Hypes. Botschaften verbreiten sich auf TWITTER in Sekundenschnelle und potenzieren ihre Wirkung.

Anfangs habe ich selber nichts zur Konversation beigetragen. TWITTER hat nichts gegen stumme Zuhörer. Ich kann es nutzen, ohne selber Kurznachrichten zu verschicken.

TWITTER ist mein persönlicher Nachrichtenticker, gefüttert von Menschen, denen ich vertraue. Eine nützliche Informationsquelle mit Humor.

Bunt gemischt liefert mir TWITTER Neuigkeiten aus aller Welt und allen Welten. Von Medien, die mich interessieren, von Fachleuten, deren Meinungen und Hinweise ich schätze, und von Personen, die ich persönlich kenne.

Und doch kommt irgendwann der Punkt, an dem man selber auch etwas in die Runde werfen möchte. Man möchte gerne etwas zurückgeben für all die Inputs, die man selber empfängt. Möchte mit Leuten in einen Dialog treten.

Ich habe eine gewisse Anlaufzeit gebraucht, seitdem schreibe ich selber sehr rege Botschaften in 140 Zeichen. Ich schreibe, was mich gerade umtreibt. Kommentiere aktuelle Entwicklungen. Und empfehle lesenswerte Artikel und hörenswerte Musik weiter.

Und wenn ich verreise, frage ich meine rund 700 Follower nach Tipps. Mindestens ein guter kommt immer zurück.

In 140 Zeichen kann man wenig Sinnhaftes sagen und nicht ernsthaft kommunizieren, sagen Sie? Sie werden staunen. Sie werden sich an der nächsten Party das eine oder andere Mal die Prägnanz von TWITTER herbeisehnen, wenn Ihnen jemand wortreich Inhaltsarmes erzählt.

Natürlich darf man nicht verkennen, was TWITTER ist: Smalltalk. Kurz und stets genau so interessant wie der Gesprächspartner. Um ein Gespräch zu vertiefen, können Sie sich jederzeit auf ein Glas Wein verabreden *(Siehe: «Wo fahre ich ganz altmodisch analog besser?»)*.

Am Ende des Tages habe ich mich gut unterhalten. Habe viel Neues erfahren. Und oft ein paar Kontakte geknüpft, die sich vielleicht mal als nützlich erweisen werden. Brauchen Sie alles nicht? Versuchen Sie es trotzdem. Es kostet nichts. Auch mir wurde erst bewusst, dass ich so was wie TWITTER gesucht hatte, als ich es gefunden hatte.

Der Autor bei TWITTER: www.twitter.com/davidbauer
Zum Einsteigen: 50 interessante Quellen bei TWITTER rund um das digitale Leben: www.twitter.com/davidbauer/kurzbefehl

Wie kommuniziere ich effizient?

Da stehe ich, mit den Füssen im Treibsand, den Kopf in einem Orkan, in der einen Hand das Schwert, mit dem ich der Hydra Kopf um Kopf abschlage, mit der anderen spiele ich Simultanschach gegen 25 Grossmeister. Alles unter Kontrolle, alles ganz normal. So und nicht weniger dramatisch fühlt es sich bisweilen an, wenn man mit modernster Technik mit der Welt kommuniziert.

Kommunikation war nie einfach. Weil sie immer schon den tückischen Weg von Mensch zu Mensch gehen musste, und erst noch zurück. Die Wahl der richtigen Mittel dagegen, die war mal einfacher. 490 vor Christi Geburt beispielsweise. Die Perser griffen die Griechen an, diese brauchten unbedingt Verstärkung. Kein langes Überlegen nötig: Der Bote Pheidippides lief von Athen nach Sparta, um Hilfe zu holen. 246 Kilometer, zu Fuss. Effizient, weil ohne Alternative.

Vor der massenhaften Verbreitung von Internet und Handys galt immerhin noch die kommunikative Dreifaltigkeit: Wenn es schnell gehen musste, telefonierte man, wenn es wichtig war, schrieb man einen Brief, wenn es persönlich sein sollte, traf man sich auf einen Kaffee.

Aber heute?

Ich schreibe E-Mails von fünf verschiedenen Adressen aus, zu Hause, im Büro, unterwegs auf dem iPhone. Tippe SMS, versende Direktnachrichten bei FACEBOOK und TWITTER. Chatte bei FACEBOOK, chatte mit SKYPE, das ich auch zum Telefonieren brauche. Wie das Telefon, das ich hin und wieder auch in seiner ursprünglichen Form nutze. Ich schreibe und empfange Hunderte von Kurzmitteilungen bei TWITTER und FACEBOOK. Ab und zu, sehr selten, schreibe ich einen Brief, ganz echt auf Papier. Und ja, ich unterhalte mich mit Menschen auch ganz analog, in Fleisch und Blut, draussen in der richtigen Welt.

Mehr Kanäle bedeuten mehr Möglichkeiten. Pheidippides hätte sich bestimmt nicht beklagt, wenn er einfach in Sparta hätte anrufen können. Heute gibt es für jedes Bedürfnis den richtigen Kommunikationskanal. Eine Verabredung trifft man per Telefon, ein Problem schafft man im direkten Gespräch aus der Welt, ein Briefing schickt man per E-Mail, einen Gutenachtgruss als SMS. Rasch und unverbindlich tauscht man Informationen per Chat aus, an die Masse wendet man sich über TWITTER, an den Freundeskreis per FACEBOOK-Statusmeldung. Wunderbar, einfach und effizient. Bloss: Es funktioniert nicht. In Sachen digitaler Kommunikation sind wir alle noch Lernende.

Der Mensch ist nicht in der Lage, unter so vielen Möglichkeiten jeweils den richtigen Kanal zu wählen. Spätestens wenn ein zweiter Mensch ins Spiel kommt – und das hat Kommunikation so an sich –, ist das Chaos perfekt. So passiert es, dass ich einen Bekannten anskype, um ihn zu fragen, ob er mein E-Mail gelesen habe, und als Antwort erhalte: siehe TWITTER. Oder ich frage eine Freundin per SMS, an welchem Tag wir verabredet sind, erhalte die Antwort im FACEBOOK-Chat und finde sie später nicht mehr, weil der Chat nirgendwo gespeichert wird. Und es möge bitte jener aufstehen, der nicht regelmässig sechs SMS hin- und herschickt, um sich zu verabreden, wo das Ganze doch mit einem Anruf in 30 Sekunden erledigt wäre.

Dieses wilde Durcheinander verschiedener Kommunikationskanäle kostet Zeit und verzettelt die Kommunikation. Wie ein Dementer, der seine Schlüssel verlegt hat, bin ich ständig auf der Suche nach dem Ort, wo ich an eine Konversation wieder anknüpfen kann. Zu oft habe ich keine Ahnung mehr, in welchem der zig Kanäle ich mich mit einer bestimmten Person zuletzt ausgetauscht habe. Als ob Kommunikation zwischen Menschen nicht schon schwer genug wäre.

Ich habe für mich zwei Lösungen gefunden. Ich versuche, so oft es geht, vor dem Kommunizieren kurz den Verstand einzuschalten. Um mich bewusst für einen Kanal zu entscheiden. Denjenigen, der für diese Situation und diesen Adressaten am schnellsten zum Ziel führt. Es bewirkt Wunder.

Doch, um ehrlich zu sein, vergesse ich allen Vorsätzen zum Trotz viel zu oft, den Verstand einzuschalten. Oder bin einfach zu faul. Darum bleibt von den zwei Lösungen eigentlich nur eine wirkliche. Die lautet: das Chaos umarmen. Der Mensch, im Gegensatz zum Universum erwiesenermassen, strebt zur Unordnung. Ordnung ist lediglich die erzwungene Abwesenheit von Unordnung. Ich lasse die Kommunikation fliessen, lasse sie selber ihre Wege suchen, wie ein Fluss, der sich vielarmig durch ein Tal schlängelt. Gebe mir Mühe, einigermassen den Überblick zu behalten, lasse mich aber nicht aus der Ruhe bringen, wenn Treibsand und Orkane mich zu verschlingen drohen. Solange ich meine Arbeit gut erledige und einige Menschen meine Freunde nennen kann, glaube ich daran, dass die Kommunikation funktioniert. Selbst wenn ich längst nicht mehr weiss, wie.

Wie surfe ich bequemer und sicherer im Netz?

Sie wollen bequemer und sicherer im Netz surfen? Legen Sie sich mit dem Laptop aufs flauschige Sofa und surfen Sie nur im Elektrosmog-Schutzanzug. Davon abgesehen hätte ich noch ein paar weitere Tipps für Sie, mit denen Ihr alltäglicher Umgang mit dem Internet bequemer und sicherer wird. Und dies ganz ohne Einschränkung der persönlichen Bewegungsfreiheit.

Lernen Sie Kurzbefehle

Mit einigen wenigen Tastenkombinationen sind Sie deutlich schneller und bequemer in Netz unterwegs.

Ctrl + N: Neues Fenster öffnen
Ctrl + T: Neuen Tab im aktuellen Fenster öffnen
Ctrl + F: Aktuell angezeigte Seite durchsuchen
Ctrl + L: In die Adresszeile springen, um eine neue URL einzugeben
Ctrl + «Home»: An den Seitenanfang springen

Neben diesen gebräuchlichsten Kombinationen gibt es noch eine ganze Fülle von weiteren, die je nach Browser und Betriebssystem leicht voneinander abweichen können. Über eine Suchmaschine oder die Hilfe-Funktion Ihres Browsers gelangen Sie zu einer Übersicht. Je nachdem, wie Sie im Internet zu navigieren pflegen, werden Sie noch die eine oder andere hilfreiche Funktion finden.

Verwenden Sie einen Passwortmanager

Im Umgang mit Passwörtern ideal ist die Variante, dass Sie für jeden Dienst, den Sie nutzen, ein anderes, sehr komplexes Passwort verwenden und keines davon jemals notieren. Bei der Fülle an Passwörtern, die der heutige Netznomade benötigt, ist das ohne Asperger-Syndrom aber nicht mehr zu schaffen. Die meisten Nutzer entscheiden sich in diesem Konflikt zwischen Einfachheit und Sicherheit für das falsche. Sie verwenden dasselbe Passwort dutzendfach oder beschränken sich auf sehr einfache Passwörter. Das laut einer Studie meistgenutzte Passwort ist 123456, selbst das Passwort «Passwort» befindet sich unter den fünf beliebtesten Passwörtern – wenn Sie Ihre sensiblen Daten so sichern, dann können Sie sie gleich per Luftpost in die Cybercrime-Hinterhöfe von Russland und China schicken. Etwas Schlauere wählen verschiedene, komplexe Passwörter und speichern diese über einen Passwortmanager im Browser ab. Das hat den Nachteil, dass die Passwörter nicht zur Hand sind, wenn man einen fremden Computer nutzt. Ausserdem sind die Passwörter auch so nicht wirklich gut geschützt. Leisten Sie sich einen professionellen Passwortmanager, die Investition lohnt sich. Sensible Zugangsdaten sind so jederzeit sicher und von überall her abrufbar. Zu empfehlen ist der Schweizer Dienst Datainherit.com. Er kostet 1.50 Franken im Monat und bietet den zusätzlichen Vorteil, dass die Passwörter vererbt werden können, sollte man wider Erwarten das Zeitliche segnen *(Siehe: «Lebe ich im Netz ewig?»).*

Erstellen Sie ein PAYPAL-Konto

PAYPAL ist Ihre virtuelle Geldbörse. Mit ihr können Sie in den meisten Onlineshops bezahlen, ohne dass Sie jedem Anbieter Ihre Kreditkarteninformationen angeben müssen. Alles was Sie tun müssen, ist beim seriösen Anbieter Paypal.com ein Kundenkonto eröffnen und Ihre Kreditkarteninformationen angeben. Wenn Sie nun in einem Onlineshop etwas kaufen wollen, wählen Sie die (meist vorhandene) Bezahloption PAYPAL aus. Sobald Sie eingeloggt sind und die Zahlung bestätigen, wird diese über Ihre Kreditkarte verbucht. Der Anbieter des Shops erhält aber keine Angaben zu Ihrer Kreditkarte, sein Geschäftspartner ist PAYPAL. Sie gewinnen doppelt: Sie haben ein bequemes, schnelles Zahlungsinstrument für Ihre Einkäufe im Netz zur Hand und gleichzeitig die Sicherheit, dass Ihre Kreditkarteninformationen nicht in falsche Hände geraten. Ob der Händler die gewünschte Ware dann zuverlässig liefert, ist nochmals eine andere Frage. Darum gilt vor jedem Kauf bei einem Händler, den Sie noch nicht kennen: via GOOGLE oder TWITTER recherchieren, was andere über den Shop zu berichten haben, und sich vergewissern, dass eine Kontaktadresse angegeben ist (ein Postfach auf den British Virgin Islands oder im Kanton Zug sollte Sie stutzig machen).

Speichern Sie Bookmarks intelligent

Bookmarks sollte man zum besseren Verständnis auf zwei verschiedene Arten übersetzen. Zum einen wörtlich als Lesezeichen, zum anderen etwas freier als Eselsohren. Denn es gibt solche und solche Bookmarks. Die Lesezeichen brauchen wir für jene Seiten, die wir täglich aufschlagen – unser Webmail, FACEBOOK, das Menü der Firmenkantine, was auch immer wir regelmässig brauchen. Die Lesezeichen speichern Sie lokal in Ihrem Browser ab, die wichtigsten zehn (wenn es überhaupt mehr als zehn sind) direkt in der Menüleiste, wo sie mit einem Klick erreichbar sind. Die Eselsohren dagegen brauchen wir für Websites, auf die wir beim täglichen Surfen stossen und die wir vielleicht später nochmals brauchen könnten, allerdings nicht regelmässig, sondern höchstens punktuell – spannende Artikel, ein tolles Hotel, ein Produkt in einem Onlineshop. Diese speichern Sie in Ihrem Benutzerkonto bei einem speziellen Bookmarking-Dienst wie delicious.com. Alle dort abgelegten Links können Sie jederzeit und von überall aus bequem nach Schlagwörtern durchsuchen. Im Nu finden Sie Ihre Liste von guten Restaurants in New York, eine Reihe von Geschenkideen, die Ihnen mal gefallen haben, oder alle Quellen, die Sie brauchen, um ein Buch zu schreiben. Diese Trennung von Lesezeichen und Eselsohren sorgt dafür, dass die Bookmarks-Liste im Browser für den täglichen Gebrauch übersichtlich klein bleibt und Sie trotzdem jederzeit sämtliche Websites abrufbereit haben, die Sie irgendwann als erinnerungswürdig eingestuft haben. Extra-Trick: Wenn Sie bei jedem Aufstarten die gleiche Handvoll Websites öffnen müssen, speichern Sie diese im Browser als Lesezeichen-Gruppe ab. Mit einem Klick werden dann alle Websites nebeneinander geöffnet.

Gehen Sie nicht über offene Wireless-Netze ins Internet

Die Versuchung ist gross, denn ach so praktisch ist es und so urban-lässig noch dazu. Mal kurz im Café den Laptop aufklappen und E-Mails checken, dafür wird das offene WLAN ja schliesslich angeboten. Bloss: Das offene WLAN, auf das Sie ohne Passwort zugreifen können, ist ein offenes Scheunentor für jeden, der Böses im Schilde führt. Es ist ein Leichtes, Sie auszuspionieren, während Sie ein offenes Netz nutzen. Irgendjemand, der in der anderen Ecke des Cafés sitzt und neben bösen Absichten noch ein wenig technische Finesse mitbringt, kann sensible Daten von Ihrem Computer entwenden. Und so ist Ihr Passwort zum E-Mail-Konto schneller in fremden Händen, als Sie Ihren Espresso austrinken können. Darum: Surfen im offenen Netz ist vertretbar, passwortgeschützte Seiten aufrufen tabu. Für Ihr WLAN zu Hause gilt entsprechend: Verschlüsseln Sie es, so dass niemand über Ihr Netz surfen kann. Hier kommt nämlich noch ein anderer Aspekt hinzu: Lassen Sie das Netz unverschlüsselt, surft Ihr Nachbar vielleicht auf Ihrer Brandbreite mit. Das bremst Ihr Internet aus. Und falls der nette Nachbar Illegales im Internet treibt, hängen Sie mit.

Wie informiere ich mich am besten über die Welt?

Stellen Sie sich vor: Sie gehen ganz normal durchs Leben, vermeiden es aber konsequent, sich aktiv über die Geschehnisse auf der Welt zu informieren. Sie lesen keine Zeitung, hören kein Radio, sehen nicht fern, rufen keine Nachrichtenwebsites auf und keine Blogs, die Neuigkeiten verbreiten. Wie viel werden Sie noch mitbekommen? Wie viel wirklich Wichtiges werden Sie verpassen? Machen Sie das Experiment und Sie werden sehen: Sie werden deutlich weniger mitbekommen als normal. Aber jene Sachen, die für Sie wirklich von Bedeutung sind, werden Sie nicht verpassen. Die Menschen in Ihrem Umfeld, beruflich wie privat, werden Sie auf alles Wichtige aufmerksam machen. Neu ist das natürlich nicht. Neu ist, dass immer mehr Menschen sich genau so informieren. Nicht als Experiment, sondern in echt. «*If the news is that important, it will find me*», hat ein schlauer Mensch dieses Informationsverhalten mal zusammengefasst. Der schlaue Mensch war ein amerikanischer Schüler, der das in einer Marktforschung gesagt hat. Viele Medienmacher hat er damit nachhaltig erschreckt; Medienmacher, deren Selbstverständnis noch immer ist, dass alles, was sie veröffentlichen, so wichtig ist, dass es die Menschen magnetisch anziehen muss.

Der moderne Medienkonsument sucht keine News mehr, er lässt sie zu sich kommen. Er lässt sich seine Neuigkeiten nicht mehr von Profis filtern, sondern von Menschen, die er kennt und denen er vertraut. Das ist nichts als logisch. Professionelle Medien richten ihr Angebot immer auf eine bestimmte Zielgruppe aus, nie aber auf einen einzelnen Konsumenten. Meinen ganz persönlichen Informationsmix erhalte ich von Menschen, die mich kennen. Mein Umfeld weiss, was ich wissen muss und wissen möchte. Ich erhalte so nach wie vor Nachrichten, die von Profis recherchiert und aufbereitet sind, in einer Auswahl, wie sie meinen Interessen und Bedürfnissen entspricht.

Das Internet bietet die Möglichkeit, den Kreis an Informanten über den eigenen Bekanntenkreis hinaus zu erweitern und ganz gezielt jene Kanäle zu öffnen, wie man selber für sinnvoll erachtet. Am besten funktioniert das mit dem Kurznachrichtendienst TWITTER. Sie stellen sich Ihren ganz persönlichen Nachrichtenticker zusammen, gespiesen von all jenen Menschen, von denen Sie wissen, dass sie die Informationsfülle für Sie sinnvoll filtern *(Siehe: «Wozu ist* TWITTER *gut?»).* Über die Kurznachrichten erhalten Sie Neuigkeiten und Hinweise auf interessante Artikel oder Videos. So verbinden Sie das Beste aus altem und neuem Medienkonsum. Sie rufen Ihren Nachrichtenticker immer dann ab, wenn Sie Lust haben – informieren sich also aktiv. Sie lassen aber andere Menschen – solche, denen Sie vertrauen – für Sie entscheiden, was interessant ist und was nicht. Und lassen die Neuigkeiten so passiv zu Ihnen kommen. Was immer Ihre Neugierde weckt, können Sie wiederum selber vertiefen.

Zugegeben, wenn man, wie die meisten von uns, daran gewöhnt ist, sich über Massenmedien zu informieren, braucht ein solcher Schritt Überwindung. Werfen Sie ruhig ab und zu einen Blick in die Zeitung oder schauen Sie die Tagesschau. Und rufen Sie hin und wieder die besten Nachrichtenwebsites der Welt auf, jene des GUARDIAN und der NEW YORK TIMES. Mit der Zeit werden Sie feststellen, dass Sie damit nicht mehr Dinge erfahren, die Sie wirklich interessieren oder die Sie unbedingt wissen müssen. Und falls doch, so müssen Sie vermutlich nur Ihre menschlichen Filter etwas feinjustieren *(Siehe: «Verstehen wir weniger von der Welt als früher?»).*

Daneben sollten Sie auf keinen Fall jene Mittel vergessen, mit denen Sie zwar keine *breaking news,* dafür jede Menge über die Welt an sich erfahren. Lesen Sie Bücher, reisen Sie um die Welt, lassen Sie sich in Diskussionen verwickeln. Denn es ist zwar wichtig, einen Überblick zu haben. Weitaus wichtiger aber ist es, den eigenen Horizont regelmässig zu erweitern.

Leben und Überleben
Seite 15 bis 44

Gut und Böse
Seite 45 bis 80

Stil und Anstand
Seite 81 bis 104

Rat und Tat
Seite 105 bis 132

Sein und Selbst
Seite 133 bis 162

Trends und Zukunft
Seite 163 bis 194

Was macht die Technologie mit unserer Identität?

Zwei Hunde sitzen vor einem Computer, der eine sagt zum anderen: *On the internet, nobody knows you're a dog.* Der Comic, erstmals erschienen in THE NEW YORKER im Juli 1993, ist eine Ikone. Er spiegelt Faszination und Unbehagen gegenüber dem Medium Internet – vor allem aber deutet er auf humorvoll-subtile Weise an, welch tiefgreifende Veränderung das Netz für unsere Identität bedeutet. Wenn niemand weiss, wer ich bin, kann ich alles sein. Die Identität im Netz ist eine leere Projektionsfläche, die ich neu bespielen kann. Das Internet bietet die Möglichkeit, jene Identität aus dem realen Leben, die sich über die Jahre verfestigt hat und der wir kaum mehr entfliehen können, im virtuellen Raum neu zu konstruieren, sie punktuell oder radikal zu verändern. Es ist eine Chance, die eigene Identität weiterzuentwickeln. Mit der Gefahr der Persönlichkeitsspaltung.

Die Identität eines Menschen ist die Spannweite seines Verhaltens und Empfindens in verschiedenen Situationen und Lebenslagen. Sie ist der Kern, der den Menschen für sich, aber auch für andere definiert, indem sie im eigentlichen Wortsinn Gleichheit herstellt (von idem = gleich). Ein Mensch ist immer der Gleiche, auch wenn er sich in verschiedenen Situationen unterschiedlich verhält und sich im Laufe seines Lebens verändert. Jürgen Habermas spricht von der vertikalen Ich-Identität, die den Menschen ein ganzes Leben zusammenhält, und von der horizontalen Ich-Identität, die die verschiedenen Rollen, die ein jeder zu erfüllen hat, vereint.

Die Identität wird dann besonders herausgefordert, wenn eine neue Rolle in Widerspruch zum bisherigen Selbstverständnis eines Menschen gerät, wenn entweder fremde Erwartungen und Vorstellungen oder das Selbstbild nicht mehr dem gewohnten entsprechen. Genau auf dieses Spiel lassen wir uns ein, wenn wir uns daran machen, unsere Identität in den virtuellen Raum auszuweiten. Das Radikale daran ist, dass wir unsere ganze körperliche Identität zurücklassen. Alles, was uns rein äusserlich definiert, ist im Internet zunächst einmal nicht präsent. Das eröffnet ganz andere Möglichkeiten, als wenn wir beispielsweise in eine neue Stadt ziehen, dabei aber selbstverständlich unseren Körper mitnehmen.

Das Internet ist ein grosses, weites Experimentierfeld für Charakterzüge und für alles, was uns ausmacht. Es lässt uns im Chat mit Arbeitskollegen schlagfertiger sein als im direkten Gespräch, im FACEBOOK-Profil selbstbewusster als in einer Bar unter Freunden, unter Pseudonym in einem Blog viel sensibler als im rauen Alltag. Es befriedigt die kindliche Freude am Verkleiden und Rollenspielen und das menschliche Bedürfnis, verborgene Seiten auszuleben. Es braucht dafür keine expliziten Paralleluniversen wie SECOND LIFE, in dem der Nutzer ein virtuelles Alter Ego nach Belieben gestalten kann, virtueller Körper inklusive. Es sind die ganz alltäglichen Anwendungen im Internet, die unserer Identität eine neue Dimension geben, ob wir das wollen oder nicht. Denn das Internet bietet dem Nutzer nicht nur die Möglichkeit, seine Identität neu zu definieren, es zwingt ihn dazu. Die einen formen sich ganz bewusst eine Online-Identität im Kontrast zu dem, was sie tatsächlich sind, andere werden in ihrer Persönlichkeit vom virtuellen Raum geprägt, sind im Netz enthemmter als ausserhalb oder verkrampfen in der technisierten Interaktion. In jedem Fall besteht die Herausforderung darin, sich in der neuen Rolle zurechtzufinden.

Letztlich gelingt dies nur dann, wenn das, was wir online ausleben, auch offline standhält, wenn das Online-Ich und das Offline-Ich in einer Art dialektischen Persönlichkeitsentwicklung sich gegenseitig herausfordern und eine Synthese formen, die nicht synthetisch ist, sondern authentisch. Gelingt es nicht, driften Online- und Offline-Persönlichkeit so weit auseinander, dass sie sich nicht mehr zu einer Identität vereinen lassen. Es gibt sie in Tausendschaften, jene Tastatur-Superhelden, die an der frischen Luft auf Minaturformat schrumpfen, jene selbstbewussten Online-Akrobaten, die offline ganz schüchtern und kleinlaut sind. Ein virtuelles Ich, das nurmehr Rollenspiel ist, lässt sich mit dem realen Ich auf Dauer nicht vereinen. Hier stösst der komplette Neuaufbau einer Identität jäh an seine Grenzen. Ein Hund bleibt auch im Internet ein Hund, wenn es auch einen Moment länger dauert, bis er als solcher erkannt wird – und sich selber als solcher wiedererkennen muss. Dazu passt, dass sich das Internet je länger, desto mehr von einem Tummelplatz anonymer Alter Egos zu einem Treffpunkt realer Menschen entwickelt. Die virtuellen Räume, die wir im Netz einst als Ergänzung, ja Gegenstück zur Realität geschaffen haben, verschmelzen mit dieser zunehmend wieder. SECOND LIFE ist genau daran gescheitert, dass es versucht hat, ein komplett von der Realität abgekoppeltes Paralleluniversum zu schaffen. Heute animieren immer mehr Anwendungen ihre Nutzer dazu, sich tatsächlich zu identifizieren, mit realem Namen und Profilbild. Grossen Anteil an diesem Kulturwandel hat FACEBOOK, das Hunderte Millionen reale Identitäten ins Netz gebracht hat. Wenn wir einen wesentlichen Teil unserer bestehenden Identität mit in die virtuelle Welt bringen, so stehen wir unter Beobachtung all jener, die uns aus der Offline-Welt kennen. Dass wir somit nicht nochmal bei null anfangen können, erscheint wie ein Fluch, ist aber ein Segen; es bewahrt uns nämlich davor, unsere Persönlichkeit zwischen virtueller und realer Welt aufzuspalten. Genügend Spielraum für Experimente bleibt allemal.

Das Internet ist in einem gewissen Sinne wie Alkohol, sagte die Journalistin Esther Dyson einmal. Es bringt jene Züge in uns stärker zur Geltung, die wir ohnehin haben. Übertreibt man das Spiel, kommt es zum Absturz. Kennt man aber das richtige Mass, eröffnet es die Gelegenheit, Sachen auszutesten, die man sich sonst nicht trauen würde.

Verbindet uns die Technologie oder trennt sie uns?

Diese Geschichte muss von der Freundschaft im digitalen Zeitalter handeln. Die Freundschaft ist der Prüfstein für den digitalen Fortschritt. Macht er Freundschaften besser, ist er gut. Macht er Freundschaften schlechter, ist er schlecht. Technologie mag noch so viel Gutes hervorbringen, wenn sie die Menschen voneinander entfernt, schadet sie uns.

Das Internet ist ein Kommunikationsmedium. Freundschaften bauen auf Kommunikation auf. Dass die digitale Entwicklung unseren Freundschaften gut tut, scheint als Annahme also so verkehrt nicht. Und doch haben wir uns alle schon gefragt, was mit unseren Freundschaften im digitalen Zeitalter geschieht. Die Lustigen unter den Kulturpessimisten sagen dann: Die Leute von heute haben keine Freunde mehr, nur noch *friends,* diese dafür inflationär. Wenn die Kulturpessimisten statt lustig ein bisschen klug wären, würden sie sagen, die Leute von heute haben keine Freunde mehr, sie *followen* einander nur noch. Das wäre die stärkere Gegenüberstellung. Freilich genauso danebengegriffen.

Wer Friends mit Freunde übersetzt, vergisst, dass all diese sozialen Netzwerke aus den Vereinigten Staaten kommen. Und da ist man schnell *friend* mit jemandem, mit dem man zwei Worte gewechselt hat. Bei uns ist das eine Bekanntschaft. Habe ich 200 Freunde? Niemals. 200 Bekannte? Locker. Selbst FACEBOOK-Gründer Mark Zuckerberg sagte einst in einem Interview: «Wer glaubt, dass jeder FACEBOOK-Kontakt ein Freund ist, der weiss nicht, was Freundschaft bedeutet». Die Kulturpessimisten unter den Lesern sollten nun eine Pause einlegen, um ihre angeknackste Raison d'Être zu kurieren *(Siehe: «Darf ich all dieses technische Zeugs einfach doof finden?»).* Für alle anderen kommen wir nun zu den wirklichen Argumenten.

Die digitale Kommunikation verformt unsere Beziehungen zu Freunden und Bekannten tatsächlich. Die technische Erreichbarkeit eines Menschen trägt ihren Teil dazu bei, wie nahe mir jemand ist. Nicht emotional, sondern rein praktisch. Wie viel er oder sie von meinem Leben mitbekommt, wie oft wir uns austauschen. Wer meine bevorzugten Kommunikationskanäle nicht nutzt, verblasst auf dem Radar. Über längere Zeit prägt dies auch, wie nahe mir jemand emotional ist. Natürlich entferne ich mich nicht von einem sehr guten Freund, bloss weil er nicht auf FACEBOOK ist und SKYPE nicht nutzt. Und niemand wird zum gutem Freund, bloss weil er die gleichen Kommunikationskanäle wie ich nutzt. Aber von zwei Menschen, die mir heute emotional gleich nah stehen, wird sehr wahrscheinlich jener mir nach sechs Monaten näherstehen, der mehr Kommunikationskanäle mit mir teilt. Oder ich habe im regen Kontakt genügend Gründe gefunden, warum das genau nicht so sein sollte.

Mit E-Mail und Mobiltelefonen hat diese Entwicklung ihren Anfang genommen. In den Jahren, in denen sich die beiden Technologien von Nischen- und Standard-Kommunikationskanälen entwickelt haben, haben sie ihre volle Ausschlusswirkung entfalten können und gleichzeitig Bindungen gestärkt zwischen jenen, die dabei waren. Wenn ich abends unterwegs war, habe ich jene Bekannten oder Freunde noch zu einem letzten Bier getroffen, die auch ein Handy hatten (um ganz genau zu sein: viele letzte Biere wurden vermutlich ohne mich getrunken, da ich selber lange kein Handy hatte). Heute sind E-Mail und Handy mit nahezu hundertprozentiger Verbreitung keine prägenden Faktoren mehr für freundschaftliche Beziehungen, stattdessen gibt es eine Fülle von neuen Kommunikationskanälen, die sich nun in jener Phase befinden, in der sie einen Graben aufreissen zwischen jenen, die sie nutzen, und den anderen, die sie nicht nutzen.

Dabei hat sich FACEBOOK innert weniger Jahre zum Knotenpunkt der Online-Kommunikation unter Freunden und Bekannten entwickelt. Entsprechend gross ist heute sein Einfluss auf unsere sozialen Bindungen. Bei einer Verbreitung von je nach

Altersgruppe bis zu 95 Prozent könnte man meinen, dass kaum mehr jemand auf dem Radar fehlt und deswegen in Vergessenheit gerät. Es ist bei FACEBOOK vielmehr die unterschiedliche Intensität der Nutzung, die uns zu manchen Bekannten einen direkteren Draht gibt als zu anderen. Die einen schauen einmal pro Woche rein, andere loggen sich mehrmals täglich ein und kommentieren rege, was andere veröffentlichen. Neben FACEBOOK gibt es eine Menge weiterer digitaler Kommunikationskanäle, die uns mit jenen verbinden, die sie ebenfalls nutzen, seien das XING, TWITTER, SKYPE, NETLOG, MSN oder Handyapplikationen, die kostenlose SMS oder Anrufe erlauben. Je mehr Kommunikationskanäle wir mit jemandem teilen, desto grösser die Chance, dass wir effektiv in der einen oder anderen Form mit ihm in Kontakt bleiben.

Wirklich erfreulich klingt das nicht. Die Technik bestimmt mit, welchen Freunden und Bekannten wir nahestehen und welche wir dann und wann vom Radar verlieren. Wir müssen das als Fakt hinnehmen. So schlimm ist es nicht. Die Technologie trennt uns erst in dem Moment, da wir reale Kommunikation durch rein virtuelle ersetzen und wertvolle Kontakte abbrechen lassen, nur weil der digitale Kitt fehlt.

In aller Regel verbindet uns die Technologie mehr, als sie uns trennt. Sie schafft neue Ebenen der Kommunikation und ermöglicht so für jede Art von Beziehung die passende Nähe. Die feinere Unterteilung in verschiedene Ebenen kommunikativer Nähe bedeutet, dass die meisten Beziehungen auf die nächsthöhere Ebene gehoben werden. Jenes Gros an Leuten, die ich zwar kenne, mit denen ich aber nur in Ausnahmefällen direkt Kontakt aufnehme, ist nun auf meinem FACEBOOK-Nachrichtenradar. Ich weiss, was bei ihnen so läuft, sie wissen, was mich gerade umtreibt. Wenn sich eine Schnittstelle ergibt, findet ein kurzer Austausch statt. Bevor es diese Möglichkeit gab, ganz punktuell zu kommunizieren, beschränkte sich der Kontakt mit diesen Leuten auf nutzlosen Smalltalk, wenn man sich zufällig begegnete.

Auch am anderen Ende des Spektrums hat die Technologie neue Ebenen der Kommunikation geschaffen. Bei sehr guten Freunden nutze ich das ganze Arsenal an Kanälen, vom Treffen bei einem Glas Rotwein über SMS und SKYPE bis zum «Like» bei ihren FACEBOOK-Statusmeldungen, um noch intensiveren Kontakt mit ihnen zu pflegen. Bei manch einer oder einem, auch bei mir selber, zeigen sich in den neuen Kanälen neue Facetten, die bisher verborgen geblieben sind. Denn jede Technologie beeinflusst auch unsere Art zu kommunizieren.

So zieht sich das durch, von flüchtigen Bekanntschaften bis zu besten Freundinnen und Freunden. Ich habe mit allen etwas mehr Kontakt, als ich es ohne all meine technischen Hilfsmittel hätte. Das entscheidend Neue ist, dass der Kontakt nie komplett abbricht und später wieder aktiviert werden muss, sondern niederschwellig stets vorhanden ist. So fällt es wesentlich leichter, ihn in jenen Momenten zu intensivieren, in denen man das möchte.

Verstehen wir weniger von der Welt als früher?

Der Mensch hat ein Problem mit seinem Wissen. Was er tatsächlich weiss und was er zu wissen glaubt, liegt mitunter weit auseinander. Doch nicht, weil der Mensch sein Wissen überschätzt, nein, er unterschätzt es. Das ist so, weil sich Wissen einfacher relativ als absolut fassen lässt. Es fällt dem Menschen schwer, zu verstehen, wie viel er effektiv weiss. Demgegenüber hat er ein feines Gespür dafür, wie wenig er weiss, gemessen an all dem, was man wissen könnte. Kein Wissen ohne schlechtes Gewissen.

Das Internet hat dieses Problem potenziert. Absolut gesehen weiss der *homo digitalis* so viel, wie keiner seiner Vorfahren je wusste. Er ist besser informiert denn je und hat jederzeit eine Fülle von zusätzlichen Informationen in Klickweite. Gleichzeitig wird uns in einer neuartigen Brutalität vor Augen geführt, was wir alles nicht wissen. Das Internet führt uns über zig Kanäle mit einer atemraubenden Geschwindigkeit neue Information zu. Jede Information, die wir im Netz abrufen, verzweigt in ein ganzes Netz von Informationen, die alle nur einen Klick entfernt sind. Die Welt um uns herum wird immer komplexer und zugleich sichtbarer. Egal, ob wir versuchen, einen Überblick zu gewinnen, oder in die Tiefe vordringen, stets steigt die Erkenntnis, dass wir eine ganze Menge nicht wissen.

Kein Wunder, behauptet das geflügelte Wort, die Internetgeneration sei «*overnewsed, but underinformed*». Das stimmt aber nicht. Genau genommen sind wir «*overnewsed and overinformed*». Es ist ja nicht so, dass wir aus den Neuigkeiten keine Informationen herausziehen könnten, was uns zu unterinformierten Wesen machen würde. Wir erhalten aber so viele Informationen – neue und solche, die uns wieder in Erinnerung gerufen werden –, dass sie den Kanal verstopfen, über den Information zu Wissen verarbeitet wird. Wissen ist verarbeitete Information, der Weg von den Informationsbausteinen zum Wissen erfordert Zeit und Geist. Jeder Fliessbandarbeiter weiss jedoch: Die Produktion kollabiert, wenn zu viele Teile auf dem Band liegen oder das Band zu schnell läuft. Das Fliessband Internet lässt Abertausende von Teilchen in gefühlter Lichtgeschwindigkeit auf uns zurasen. Gemäss einer aktuellen Studie der University of California in San Diego werden dem Menschen pro Tag durchschnittlich 34 Gigabytes an Information zugeführt, darunter alleine über 100 000 Wörter. Rund 27 Prozent davon kommen aus dem Computer.

Früher, vor gar nicht allzu langer Zeit, war das noch deutlich angenehmer. Man schlug morgens die Zeitung auf, Tag für Tag, um jedes Mal beruhigt festzustellen, dass in der Welt gerade so viel geschehen war, wie auf den Zeitungsseiten Platz hat. Die Information im Zeitalter der Zeitung war endlich. Eine beruhigende Illusion *(Siehe: «Welche Bedeutung wird das gedruckte Wort künftig noch haben?»).*

Das Einzige, was im Internetzeitalter noch endlich ist, ist unsere Aufnahmefähigkeit. Wie wir uns auch anstellen, wir werden immer nur einen winzigen Teil dessen, was täglich an Information auf uns einprasselt, aufnehmen und zu Wissen verarbeiten können. Das ist frustrierend. Jedoch nur, solange man nach dem Falschen strebt: danach, immer mehr immer schneller zu verarbeiten.

Das Netz auferlegt uns eine sokratische Charakterprüfung. Wir müssen lernen, unser Nichtwissen zu akzeptieren und als Teil unseres Wissens zu verstehen. Das Wissen um das eigene Nichtwissen bringt die eigentliche Erkenntnis. Und Linderung für das schlechte Gewissen.

Nun ist die Interaktion mit dem Internet leider keine besonders sokratische. Der griechische Denker pflegte seine Gesprächspartner Schritt für Schritt zur Erkenntnis zu begleiten, indem er kluge Gegenfragen stellte. So lange, bis das Gegenüber der Grenzen seines Wissens gewahr wurde. Das Internet ist ein Sokrates mit Logorrhö. Es schüttet uns so lange mit Informationen und Fragen zu, bis wir nicht mehr können.

Wenn wir im Moment des Ergebens die Grenzen unseres Wissens akzeptieren und uns bewusst machen, dass wir vermutlich viel mehr wissen, als wir denken, so haben wir bereits sehr viel von der Welt verstanden.

Habe ich mich der Technik schon unterworfen?

Teil 1 — Beantworten Sie diese 15 Fragen für sich:
— Wie viele Ihrer Freunde können Sie noch anrufen, wenn Sie Ihr Handy verloren haben?
— Wie viele Geburtstage würden Sie ohne elektronische Erinnerung verpassen?
— Können Sie eigentlich noch kopfrechnen? Wie oft tun Sie es?

— Wie oft macht Sie ein leerer Akku handlungsunfähig?
— Wann sind Sie zuletzt ohne Navigationsgerät durch eine fremde Stadt gefahren?
— Können Sie Ihre letzten Ferienfotos ohne technische Hilfe ansehen?
— Wie fühlen Sie sich, wenn Sie Ihr Handy zu Hause vergessen haben?
— Wie viele handgeschriebene Briefe haben Sie in den letzten zwölf Monaten verschickt?
— Schreiben Sie aus den Ferien Postkarten? Wie viele Adressen wissen Sie auswendig?
— Wann haben Sie zuletzt ein Lexikon aufgeschlagen? Ein Wörterbuch? Ein Telefonbuch? Besitzen Sie sowas überhaupt noch?
— Wie viele Dinge haben Sie heute schon gegoogelt? Wie viele davon werden Sie morgen wieder googeln müssen?
— Wie lang können Sie ein neues E-Mail oder ein ankommendes SMS ignorieren?
— Wie oft machen Sie die Wahl eines Cafés oder eines Hotels davon abhängig, ob Wireless-Internet vorhanden ist?
— Kämen Sie sich unterinformiert vor, wenn Sie als Nachrichtenquelle nur Zeitungen zur Verfügung hätten?
— Wie oft wünschen Sie sich in einem Einkaufsladen, Sie könnten die Artikel nach Beliebtheit sortieren oder die Suchfunktion benutzen?

Teil 2 — Überlegen Sie sich, wie Sie zu diesem Zitat des Philosophen Martin Heidegger stehen:
«Der Mensch hat die Technik nicht in der Hand. Er ist ihr Spielwerk. In dieser Lage herrscht vollkommene Seinsvergessenheit, vollkommene Verborgenheit des Seins. Dadurch gerät der Mensch selbst in Knechtschaft der technischen Gegenstände, er wird Sklave der Technik.»

Wie wehre ich mich gegen die digitale Demenz?

Der erleuchtete Mensch der Neuzeit hat einen bläulichen Schimmer auf dem Gesicht. Er starrt auf einen Computerbildschirm und hat gerade vergessen, was er eigentlich wollte. Wir haben uns zum Glauben hinreissen lassen, dass Maschinen alles für uns erledigen können. Leider scheitert dieses Modell grandios. Die Maschinen funktionieren nur, wenn wir ihnen sagen, was sie tun sollen. Weil die moderne Technik aber auf seltsame Weise unsere Konzentration lähmt, sind wir dazu immer öfter ausserstande.

Ich erwische mich dabei, wie ich scheinbar informationshungrig, aber eigentlich komplett wahllos durch Websites zappe, weil mir entfallen ist, was ich eigentlich wollte. Viel zu oft passiert es mir, dass ich inmitten von zig Fenstern ein neues öffne und gleich wieder vergessen habe, wozu. Und schliesslich schalte ich den Computer aus, um im gleichen Moment zu realisieren, dass ich genau das, wofür ich ihn vor einer halben Stunde eingeschaltete habe, nicht getan habe.

Doch selbst wenn ich weiss, was ich tun müsste, lasse ich mich dauernd ablenken. Wie ferngesteuert rufe ich alle paar Minuten FACEBOOK und TWITTER auf, bloss um jedes Mal festzustellen, dass in der Zwischenzeit nichts Neues passiert ist, und wenn, dann nichts von Bedeutung. Klicke in der Mailbox umher, wähle bei iTunes einen neuen Song zum Abspielen. Oh, und bei FACEBOOK war ich schon lange nicht mehr. Die Zeit vergeht, ich bin auf eine denkbar passive Art aktiv und verhindere so, dass ich zur Ruhe komme, die ich brauchte, um tatsächlich voranzukommen. Sogar wenn ich mich in einem Akt der Selbstdisziplinierung vom Computer losreisse, kreisen meine Gedanken wild umher und ständig habe ich das Gefühl, etwas im Netz nachsehen zu müssen. Das Netz ist, Laptops und Smartphones sei Dank, allgegenwärtig. Wie Stimmen im Kopf lockt es immer und überall, buhlt um meine Aufmerksamkeit und unterbricht, sobald ich einen klaren Gedanken fassen will.

Computer verwandeln mich regelmässig und zuverlässig in einen zerstreuten Menschen. In meiner Zerstreuung werde ich willenlos. Der Rausch der Technik betäubt meine Sinne, fährt meinen Verstand temporär auf Standby herunter. In diesem Moment beginnt die Abhängigkeit. Weil mein Denken so brutal fragmentiert ist, meine Aufmerksamkeitsspanne lächerlich kurz geworden ist, kann ich gar nicht anders, als mich Klick um Klick vorwärtszuhangeln. Ich steuere nicht mehr auf ein Ziel zu, es verschlägt mich irgendwohin. Am Ende habe ich nicht gefunden, wonach ich suchte, was aber keine Rolle spielt, weil ich längst vergessen habe, was es war, das ich suchte.

Gegen den Exzess hilft ein Entzug, die digitale Abstinenz. Computer ausschalten, Handy in eine Schublade stecken, den Stecker ziehen. In besonders akuten Fällen wirkt das Wunder und ist uneingeschränkt zu empfehlen *(Siehe: «Wo kann ich mich von dem ganzen Technikwahnsinn erholen?»).* Eine nachhaltige Lösung ist es aber nicht. Auf die Dauer müssen wir lernen, mit der Technik klarzukommen. Zu wichtig ist sie für unser Leben. Wir müssen lernen, sie für uns arbeiten zu lassen, ohne dass sie uns dabei arbeitsunfähig macht.

Was macht man also im Zustand maximaler Zerstreuung? Man greift auf die Quantenphysik zurück. Genauer gesagt auf einen Nobelpreisträger der Quantenphysik. Denn einer, der sich in Quantenphysik versteht, muss einen ganz schön klaren Kopf haben. Richard Feynman heisst der Mann, der den Ausweg aus der Sackgasse des digitalen Nomaden kennt. Er hat eine einfache Formel geprägt, mit der sich jede Herausforderung anpacken lässt.

1) Schreibe das Problem auf
2) Denke scharf nach
3) Schreibe die Lösung auf

Was wir brauchen, ist eine Rückbesinnung auf den menschlichen Verstand. Eine Reaktivierung unseres Gehirns als Kontrollinstanz unseres Handelns. Dieses Wunder der Natur, mit dem wir alle in einem sozialistischen Akt der Gleichheit von Geburt an ausgestattet worden sind, muss wieder die Entscheidungshoheit erhalten. Nicht blind drauflosgoogeln, sondern scharf nachdenken.

Viel öfter, als wir glauben, liegen die Antworten auf ein Problem in unserem Kopf bereit. Wir müssen sie nur abholen. Das dauert einen Moment oder zwei. Ist die Antwort beim dritten Moment noch immer nicht gefunden und auch niemand in der Nähe, der sie kennt, dann ist wohl der Griff zur Technik tatsächlich die beste Wahl. Wir müssen weder den ganzen Zugfahrplan im Kopf haben noch WIKIPEDIA auswendig kennen. Wenn mir partout nicht mehr in den Sinn kommen will, wie das Hotel in Tokio hiess, von dem ich so begeistert war, dann google ich es eben.

Das Entscheidende ist: Die Technik ist dann die beste, nicht die erste Wahl. Wir haben unseren Verstand zwischengeschaltet, um die beste Wahl zu finden. Nur wenn wir diese Distanz zwischen uns und unsere technischen Gehilfen legen, können wir sie vernünftig und zielgerichtet nutzen. Das ist so einleuchtend banal, dass es richtig weh tut, wie selten wir es tun.

Wir entlasten unseren Kopf, indem wir ihn belasten. Indem wir ihn aus dem Dauerbeschuss nehmen und in Ruhe arbeiten lassen. Erst wenn wir nicht mehr von Infohappen zu Infohappen hetzen und unsere Aufmerksamkeit nicht mehr in Sekundenbruchteile zerlegen, sind wir wieder imstande, Dinge geregelt zu kriegen, ohne auf halben Wege zu vergessen, was wir eigentlich wollten.

Sechs Zen-Übungen für den digitalen Nomaden:

Kommunikations-Zeitfenster — Definieren Sie zwei bis drei exakte Zeitfenster pro Tag, an denen Sie elektronische Korrespondenz erledigen, beispielsweise am Morgen früh, nach dem

Mittagessen und kurz vor Feierabend. Halten Sie diese eisern ein. Dazwischen bleibt das Mailprogramm geschlossen, damit Sie nicht von ankommenden Nachrichten abgelenkt werden.

Fingerakrobatik — Schreiben Sie Mails nur vom Mobiltelefon aus. Das ist genauso mühsam, wie es klingt. Es hat aber den schönen Effekt, dass Sie sich auf das Nötigste beschränken. Virtuelles Geschwätz und überfüssige Nachrichten fallen Ihrer Faulheit zum Opfer. Sie profitieren doppelt: Die Empfänger der Mails werden es Ihnen mit kurzen Antworten danken.

Hürde statt Standby — Meiden Sie den Standby-Modus. Schalten Sie Ihren Computer immer ganz aus, wenn Sie ihn nicht brauchen. Sie sparen so nicht nur Strom, sondern erhöhen die Hürde, wegen jeder Kleinigkeit die Maschine zu bemühen.

Gütertrennung — Machen Sie nicht alles von Ihrem Computer abhängig. Denn Sie laufen ständig Gefahr, sich im Netz zu verlieren, wenn Sie jeden Termin und jede Adresse nur elektronisch nachsehen können, wenn ihre gesamte Musiksammlung nur digital existiert, wenn sie keine Ferienbilder zeigen können, ohne die Kiste hochzufahren.

Vermenschlichung — Überlegen Sie sich immer, ja: immer, bevor Sie eine Antwort im Netz suchen, welcher Mensch Ihnen die Antwort ebenfalls liefern könnte. Das regt die Gehirnwindungen an und ruft Ihnen in Erinnerung, wer aus Ihrem Bekanntenkreis Ihnen wobei weiterhelfen kann. Ist es nicht eine total banale Frage, rufen Sie diese Person an.

Abrechnung — Zählen Sie einen Tag lang mit, wie oft Sie das Handy zur Hand nehmen, und verrechnen Sie diese Dienstleistung wie in einer Buchhaltung. Jedes Hervorkramen – und sei es nur, um die Uhrzeit abzulesen – kostet einen Franken. Am Abend investieren Sie den Betrag, indem Sie einen guten Freund auf ein paar Drinks einladen. Nehmen Sie den nächsten Tag vorsorglich frei.

Wie verändert die Digitalisierung unser Denken?

Als wäre der digitalen Generation im Rausch der virtuellen Existenz das *memento mori* abhanden gekommen, wird uns zuletzt immer öfter und immer eindringlicher zugerufen: Die Digitalisierung verändert unser Denken irreversibel, das Internet macht uns dauerhaft plemplem! Manchen hat es schon früh erwischt. Ich erinnere mich an den Informatikunterricht am Gymnasium. Es war 1996, wir haben eine neuartige Suchmaschine namens Altavista kennengelernt und gestaunt wie die Weltmeister, als wir mit ein paar Texteingaben den Universitätsserver von Uppsala in Schweden anpingen konnten. Unser Informatiklehrer war schon damals auf binäres Denken umgepolt. Es gab nur die Noten 1 und 6, denn im Internet, so erklärte er uns, gibt es nur «Strom» und «Kein Strom». Entweder es geht oder es geht nicht. In seinen Augen waren wir binäre Schüler, Einsen und Nullen.

War das damals ein Einzelfall, so stehen wir heute alle am Abgrund, das Gehirn vom Internet narkotisiert. So verkünden es uns die apokalyptischen Schreiber von den Bestseller-Regalen. Frank Schirrmacher mahnt, dass Computer uns ein Verhalten aufzwingen, das uns nicht nur unkonzentriert macht und uns nicht mehr klar denken lässt, sondern das uns ernsthaft schadet: «Multitasking ist Körperverletzung.» Nicholas Carr fürchtet, dass die Informationsflut die Schleuse zwischen unserem Kurz- und Langzeitgedächtnis verstopft und unser Denken zu einem Waten im Seichten verkümmert.

Was sie beide in einem intellektuellen *cri du cœur* beschreiben, ist der drohende Rückfall vor die Aufklärung, zurück zur selbstverschuldeten Unmündigkeit des Menschen, der schleichend die Fähigkeit verliert, sich des eigenen Verstandes zu bedienen. Während wir das Digitale für uns denken lassen, verkümmere unsere Fähigkeit, selbständig zu denken. Das Internet, so die Argumentation, ist nicht gut für den Menschen, weil es nicht seiner Natur entspricht. Ein süsses Gift, das unser Gehirn langsam zersetzt.

Das Heimtückische ist, dass man den Schwarzmalern nicht so richtig widersprechen mag. Dieses Gefühl, dass uns das Digitale bisweilen in der Konzentration stört und das Denken lähmt, es ist da. Ich sitze vor dem Computer und habe vergessen, was ich vor einer Sekunde wollte. Klicke mich durch Fenster und Suchmaschinen und finde nirgendwo die Ruhe, mich zu konzentrieren *(Siehe: «Wie wehre ich mich gegen die digitale Demenz?»)*. Was wir dabei vergessen: Wir waren auch vor der Erfindung des Internets nicht stets voll konzentriert und jederzeit zu kristallklaren Gedanken fähig. Wir vergleichen des *homo digitalis'* Art zu denken mit einem Ideal, das es so nie gegeben hat. Weil wir kurzfristig zerstreut sind, heisst das nicht, dass wir langfristig Schaden davontragen. Und falls Computer unser Verhalten und unsere Art zu denken tatsächlich verändern, bedeutet auch das nicht automatisch, dass wir dem Untergang geweiht sind.

Statt dem eigenen mulmigem Gefühl zu trauen oder Autoren, die dieses weiter zuspitzen, will ich es selber wissen. Ich lasse mein Gehirn testen, um herauszufinden, ob ich noch klar denken kann wie es dem Homo sapiens von der Evolution einst zugedacht war, oder ob das Internet meine Neuronen durchgeschüttelt und meinen Verstand schummrig gemacht hat.

Ich steige hinab ins schmucklose Untergeschoss des Psychologischen Instituts der Universität Basel, lasse mich in ein Labor führen, wo sonst Schizophrene, Demente und Alzheimerkranke getestet werden. Ich habe die Kognitionspsychologen der Universität beauftragt, mein Gehirn unter die Lupe zu nehmen. Das Labor hat den Charme einer einengenden Zelle, ist spartanisch eingerichtet. Ein Fenster, ein Tisch und ein Computer. Meine Gemütslage verändert sich. Bis eben war ich vergnügt-gespannt, nun nervös-angespannt. Wird mir am Ende ein Computer sagen, dass die Maschinen mich um den Verstand gebracht haben? Mein halbes Leben schon nutze ich das Internet täglich, beruflich und privat. In den letzten fünf Jahren sass ich durchschnittlich acht Stunden pro Tag davor, Wochenenden und Ferien eingerechnet. Fünfzehntausend Stunden Internet sind das. Wenn das Internet unser Denken tatsächlich nachhaltig verändert, bin ich ein sicherer Kandidat. Was, wenn die Tests tatsächlich zeigen, dass meine Konzentration gestört ist, mein Kurzzeitgedächtnis gelitten hat oder die Informationsverarbeitung nicht mehr richtig funktioniert? Würde ich dann fortan das Internet weniger nutzen? Kann ich das überhaupt noch?

Es bleibt glücklicherweise wenig Zeit zum Grübeln, das Experiment beginnt. Auf einer Metallplatte sind kleine Würfelchen montiert, zehn an der Zahl, ohne erkennbares Muster. Die Übungsleiterin tippt mit dem Finger eine Reihe von Würfelchen an, ich muss in der gleichen Reihenfolge wiederholen. Bei einer Folge von fünf Würfeln gerate ich das erste Mal ins Stocken, bei sieben scheitere ich. Ist das normal? Ist das sehr schlecht? Ist das Internet schuld? Ich schaue die Psychologin fragend an, sie zeigt keine Regung. Nächste Aufgabe. Wieder tippt sie Würfelchen an, ich muss in umgekehrter Reihenfolge wiederholen. Ich ahne Böses, zu meinem Erstaunen fällt mir diese Aufgabe aber leichter als die erste. Ich zögere kaum je, bei acht Würfeln ist trotzdem Schluss. Wieder kein Kommentar der Psychologin.

Im nächsten Test sagt mir der Computer eine Reihe von Zahlen, alle drei Sekunden eine neue. Ich muss fortlaufend jeweils die beiden letztgehörten Zahlen addieren und das Resultat in ein Mikrofon sprechen. Das Herausfordernde an diesem Test ist, dass man jeweils die Zahl, die man selber ausspricht, sofort wieder aus dem Gedächtnis löschen und die letztgehörte wieder in Erinnerung rufen muss. Das Angenehme an diesem Test ist, dass die Psychologin den Raum verlässt. Nur ich und der Computer, dieses Setting behagt mir. Drei Minuten lang muss ich Zahlen zusammenrechnen, nach zwei Minuten ertappe ich mich, wie ich beginne, über den Test nachzudenken. Sofort komme ich aus dem Tritt, verpasse meinen Einsatz, ärgere mich. Bin ich ein bisschen zu meta? Oder kann ich mich nur zwei Minuten ernsthaft konzentrieren? Ist das Internet schuld?

Die Psychologin kommt zurück in den Raum, diesmal schaue ich sie nicht fragend an. Ich will keinen Kommentar hören. Ich fühle mich ertappt, der Test hat eine Schwachstelle bei mir aufgedeckt. Lieber weiter zum nächsten Test. Der Computer blendet im Abstand von fünf Sekunden Zahlen ein, ich muss per Tastendruck bestätigen, ob die eingeblendete Zahl mit der letzten identisch ist oder nicht. Drei Minuten dauert das. Nach der ersten frage ich mich, warum die Zahlen in einer so unangenehmen Schriftart weiss auf schwarz dargestellt werden. Nach der zweiten schweife ich mit den Gedanken ab. Und verpasse prompt fast einen Einsatz. Dieser Test ist schlicht zu einfach für mich. Oder ist das Internet schuld? 100 Prozent richtige Antworten zeigt der Computer schliesslich an. Welch ein Affront! Als würde man mich beklatschen dafür, dass ich 10 Meter geradeaus gehen kann. Doch der Schwierigkeitsgrad wird schnell erhöht. Zunächst muss ich die eingeblendete Zahl mit der vorletzten, dann mit der drittletzten vergleichen. Heisst: Drei Zahlen in der richtigen Reihenfolge im Gedächtnis behalten und alle fünf Sekunden die älteste aktivieren, dann vergessen und eine neue aufnehmen. Als der Computer nach drei Testminuten anzeigt, dass ich in 96 Prozent der Fälle richtiglag, bin ich richtig erschöpft. Und fühle mich ein wenig schuldig, weil ich zeitweise den Faden verloren und nur noch nach Intuition die Tasten gedrückt hatte. Hat mir die Aufgabe die Grenzen aufgezeigt? Grenzen, die die Natur setzt oder die das Internet gesetzt hat? Oder hat mir das Internet gar die Gabe gegeben, selbst im Zustand der Verwirrung intuitiv das Richtige zu tun? Mit einem müden Kopf voller Fragezeichen werde ich fürs Erste in die Freiheit entlassen.

Eine Woche später muss ich zum zweiten Mal antreten, dieselben Tests wiederholen. Sie fühlen sich plötzlich schwieriger an, bei den Zahlenreihen schweife ich schneller ab und muss zum Ende ordentlich kämpfen. Was ist los mit mir? Vor dem ersten Test hatte ich mir eine Internet-Auszeit von einer Woche gegönnt, vor dem zweiten meinen Internetkonsum über das übliche Mass hinaus hochgeschraubt. Ich ärgere mich, dass ich beim zweiten Mal mehr Mühe hatte als beim ersten Mal. Ist das Internet schuld?

Der Moment der Abrechnung: Ich habe beim zweiten Mal – ja: beim zweiten Mal – durchs Band besser abgeschnitten als beim ersten Mal. Insgesamt sind meine Resultate sehr gut. Visuelles Kurzzeitgedächtnis, Arbeitsgedächtnis, visuell-räumliches Lernen, auditiv-verbale Aufmerksamkeit und die Geschwindigkeit der Informationsverarbeitung – funktioniert alles bestens, heavy Internetuser zum Trotz. Auch kurzfristig hat eine massive Internetnutzung, rechnet man die möglichen Lerneffekte zwischen des Tests heraus, meine Denkfähigkeit sicher nicht verschlechtert. Streng wissenschaftlich gesehen beweist dies natürlich gar nichts. Aber es ruft etwas Zentrales in Erinnerung: Unser subjektives Empfinden deckt sich nicht zwangsläufig mit der Realität. Nur weil wir bisweilen das Gefühl haben, das Internet bringe unsere Gedanken durcheinander, heisst das nicht, dass es grundsätzlich so ist. Das Internet hat als vernetztes, nicht lineares Medium vielleicht gar besonders stark das Potenzial, unsere Wahrnehmung zu trüben. Indem es uns mit Eindrücken und Informationen überflutet, macht es uns extrem bewusst, was wir alles nicht wissen und in einem bestimmten Moment gerade nicht erledigen. So erscheint das, was wir geregelt kriegen, im Verhältnis geringer.

Technologische Entwicklungen und ihre Bedeutung für die Gesellschaft werden kurzfristig überschätzt, langfristig aber unterschätzt. Wenn wir darüber nachdenken wollen, ob das Internet unser Denken verändert, dürfen wir nicht vergessen, dass es das World Wide Web seit gerade Mal zwei Jahrzehnten gibt; die regelmässige Nutzung in einer breiten Bevölkerung findet seit knapp zehn Jahren statt. Antworten werden kommen, aber nicht mit Carr und Schirrmacher, sondern mit der Zeit. Bis dahin würde uns allen in dieser Frage ein wenig Agnostik gut tun.

Warum müssen wir immer alles fotografieren?

Was haben wir gelacht, damals, über diese übereifrigen Touristen aus Fernost, die immer alles fotografieren mussten. Einer von uns, der tiefsinnigste, hat dann jeweils angemahnt, das wäre doch pervers, wenn man die Welt nicht mehr mit den eigenen Augen, sondern nur noch durch eine Linse sehen würde.

Heute sind wir alle Touristen aus Fernost. Wir fotografieren nicht nur unseren Urlaub, wir fotografieren unser ganzes Leben. Hier ein Klick, da ein Cheese – lachen tut darüber schon lange niemand mehr.

Begünstigt wurde diese neuartige Bilderflut durch zwei technologische Errungenschaften: die Digitalfotografie und die Handykamera. Analoge Filmrollen hatten uns gelehrt, nur dann auf den Auslöser zu drücken, wenn es sich lohnt. Digitale Fotos schiessen wir beliebig, aussortiert wird später, sprich: nie. Seit zudem praktisch jedes Handy mit einer Kamera ausgestattet ist, haben wir stets eine Kamera dabei, selbst wenn wir keine eingepackt haben. Und Gelegenheit macht Fotos.

Die Technologie hat dafür gesorgt, dass wir viel weniger darüber nachdenken, was wir überhaupt fotografisch festhalten wollen. Unterbewusst spielt sich aber noch etwas ganz anderes ab, etwas viel Bedeutenderes. Wir verspüren einen grossen Drang, die Dinge, die wir erleben, zu dokumentieren. Nicht so sehr für uns selber, sondern für unseren Bekanntenkreis bei FACEBOOK. Jeden Monat werden 3 Milliarden neue Fotos bei FACEBOOK hochgeladen, das sind 4 Millionen pro Stunde. Auf anderen Plattformen werden weitere Abermillionen Fotos herumgezeigt.

Was wir da sammeln und austauschen, sind keine Erinnerungen. Es sind Beweisstücke. Denn ohne die – der CSI-Effekt hat uns alle erfasst – ist alles nichts wert. Wir brauchen diese Beweismittel, weil sie Teil unserer Identitätskonstruktion im Internet sind *(Siehe: «Was macht die Technologie mit unserer Identität?»).* Unsere Bilder sprechen für uns: Ich bin so cool, ich bin so tiefgründig, ich bin so weltgewandt. Und sie sind unser Beleg dafür, dass das Vergangene real ist und präsent bleibt.

In der Internetsprache hat sich bereits ein passendes Akronym herausgebildet: POIDH. Es wird gerne als Entgegnung verwendet, wenn jemand ein besonders eindrückliches oder lustiges Erlebnis schildert. POIDH steht für *Pictures or it didn't happen,* also sinngemäss: «Zeig uns Bilder davon oder wir glauben dir nicht.»

Auf spielerische Art wird hier ein fundamentales Prinzip angewendet. Die Vorstellung nämlich, dass Ereignisse erst durch ihre Dokumentation in das kollektive oder zumindest geteilte Gedächtnis übergehen. In der heutigen, stark audiovisuell gepägten Welt reicht eine Erzählung als Dokumentation kaum mehr aus. Dies bringt POIDH zum Ausdruck. Wir glauben es dir erst, wenn wir es mit eigenen Augen (auf einem Foto) gesehen haben. Und solange wir dir nicht glauben, ist die Erinnerung nichtig und das Erlebte quasi nachträglich getilgt. Mit dem technischen Fortschritt wächst die Erwartungshaltung gegenüber Dokumenten von Erlebnissen. Wenn doch jeder ein Kamerahandy bei sich trägt, wieso existiert dann kein Bild davon, wie er Roger Federer im Park angetroffen hat? Der Erlebnisbericht wird in Zweifel gezogen, weil er nicht den aktuellen technischen Möglichkeiten entspricht.

Fotos ihrerseits laufen bereits Gefahr, ihre dokumentarische Autorität zu verlieren. Genauso wie Fotos der reinen Erzählung in Worten die Beweiskraft geschmälert haben, ergeht es den Fotos selber nun mit Bewegtbildern. Zeig uns ein Video davon oder es ist nie passiert.

So ist das Verlangen nach Bildern letztlich seinerseits ein Beweis. Ein Beweis dafür, wie die fortschreitende Technik unsere Lebenswirklichkeit und unser Selbstbild umformt.

Schafft der Mensch sich selber ab?

Die GOOGLE-Gründer Sergey Brin und Larry Page sagten einmal, sie könnten sich gut vorstellen, dass dereinst die Suchmaschine direkt mit dem menschlichen Gehirn verbunden wird. Denken bedeutet dann (auch) googeln. Kühne Science-Fiction und Schreckensutopie? Vermutlich weniger, als wir denken.

Technisch ist der Mensch zwar noch nicht so weit. Doch das ist nicht die entscheidende Frage. Informationstechnologie, Nanotechnologie und Neurowissenschaft entwickeln sich in einem Tempo, dass es nicht schwerfällt zu glauben, dass es nur noch eine Frage der Zeit ist, bis es möglich sein wird, den menschlichen Körper technisch zu erweitern und beispielsweise das Gehirn mit GOOGLE zu verdrahten (schon heute haben wir Herzschrittmacher, Hirnschrittmacher und Hörgeräte). Die entscheidende Frage ist, ob wir bereit sind, eine solche Entwicklung geschehen zu lassen. Die Antwort ist ein schleichendes Ja. Wir haben sie bereits gegeben.

Die Medizin, die Pharmazie und alle Wissenschaften, die sich mit der Funktionsfähigkeit des menschlichen Körpers und der menschlichen Psyche befassen, sind traditionell darauf ausgerichtet, Leiden zu vermindern und präventiv zu verhindern. Salopp gesagt: Man sieht zu, dass möglichst nichts kaputtgeht. Und wenn etwas kaputtgeht, wird es repariert. Die heutige Medizin geht deutlich weiter. Wir haben längst damit begonnen, gesunde Körper zu verändern. Mit dem Ziel, Leistung und Schönheit zu steigern. Nach aktuellen medizinischen Möglichkeiten bedeutet das, Brüste mit Silikon aufzupolstern, Falten wegzuspritzen und Körper und Geist mit geeigneten Substanzen aufzuputschen. Es gelingt sogar, diese Eingriffe nach traditionellem Medizinverständnis zu begründen, indem Defizite konstruiert werden. Je nachdem, was als Massstab gesetzt wird, ist jeder menschliche Körper defizitär und in diesem Sinne «korrekturbedürftig». Nicht mehr die Natur ist der Massstab, sondern der menschliche Anspruch. Heute sind die Brüste zu flach und das Gesicht ist zu faltig, morgen das Gehirn nicht mehr leistungsfähig genug. Wir haben uns dieser Entwicklung längst geöffnet.

Raymond Kurzweil ist wohl der prominenteste Verfechter der Theorie, dass der Mensch mit von ihm erschaffener Technik verschmelzen wird – und dass das erstrebenswert sei. In seinem Buch *The Singularity Is Near: When Humans Transcend Biology* erstellte der amerikanische Futurologe bereits 2005 einen genauen Zeitplan, wie sich Mensch und Computer annähern und schliesslich verschmelzen werden. Die «Singularität» ist nach Kurzweil der Punkt, an dem Menschen nicht mehr die intelligentesten Wesen des Planten sind und damit den Lauf der Dinge nicht mehr selber bestimmen. Die künstliche Intelligenz von Maschinen ist dann so fortgeschritten, dass normale, unveränderte Menschen nicht mehr Schritt halten können. Der Mensch als solcher hat sich mit seinen Errungenschaften selber abgeschafft. Was bleibt, ist eine neue Daseinsform, eine Mensch-Maschine, bei der die Grenzen nicht mehr klar feststellbar sind. 2045 soll es so weit sein. Wie sagte der polnische Schriftsteller Stanislaw Jerzy Lec bereits Mitte des letzten Jahrhunderts: «Die Technik ist auf dem Weg, eine solche Perfektion zu erreichen, dass der Mensch ohne sich selber auskommt.»

Kurzweil ist ein radikaler Denker, gewiss, entsprechend heftig wird er für seine Prognosen kritisiert. Im Kern liest er die aktuelle Entwicklung aber richtig. Auch wenn der Mensch möglicherweise nicht schon in 35 Jahren obsolet geworden ist, so sollte er rechtzeitig damit beginnen, darüber nachzudenken, was eine solche Entwicklung bedeutet. *(Siehe: «Erfordert die digitale Welt eine neue Ethik?»)*

Sie wird, noch bevor der Mensch zur Mensch-Maschine wird, die Gesellschaft grundlegend verändern. Schrittweise werden technische Möglichkeiten verfügbar werden, die den menschlichen Körper und Geist leistungsfähiger machen werden. Ein Ohrimplantat, mit dem der Mensch auf deutlich mehr Frequenzen hören kann als normal. Eine Augenoperation, nach der der Mensch auch im Dunkeln sieht. Ein System aus Nanorobotern, das es erlaubt, den Hormonhaushalt gezielt von aussen zu steuern, um im richtigen Augenblick aufmerksam, waghalsig oder entspannt zu sein. Oder eben ein Chip als Erweiterung für das Gehirn, so dass der Mensch beim Denken nicht nur auf seinen eigenen Speicher, sondern auf eine gigantische Wissensdatenbank zugreifen kann. Die Anwendungen werden (zumindest zu Beginn) sehr teuer sein, nur sehr Privilegierte werden sie sich leisten können. Während im Sport unnatürliche Leistungssteigerung verurteilt wird, ist sie bislang in der Gesellschaft akzeptiert. Schönheitsoperationen und Aufputschmittel werden nicht als stossende Verzerrung der Chancengleichheit wahrgenommen. Was aber, wenn die ersten Schüler dank reicher Eltern mit dem Wissens-Chip ausgestattet sind? Was, wenn die Stelle als Messtechniker an jenen Bewerber mit den künstlichen Adleraugen vergeben wird? Das disruptive Potenzial dieser Entwicklung hin zur Mensch-Maschine zeigt sich nicht erst dann, wenn der Mensch sich selber abschafft. Sondern an dem Punkt, wo sich die ersten Menschen zu leistungsfähigeren Wesen umbauen lassen.

Der digitale Graben, der heute vor allem zwischen Industrie- und Entwicklungsländern verläuft und über den unterschiedlichen Zugang zu Informationstechnologie definiert ist, wird dann dramatisch an Tiefe und an Bedeutung gewinnen. Er wird verlaufen zwischen einer technoiden Kaste und all jenen naturbelassenen Menschen, die sich das technische Wettrüsten am eigenen Körper nicht leisten können oder sich der Entwicklung verwehren. Unterschiedliche Lebensbedingungen, unterschiedliche Bildung, unterschiedliche finanzielle Mittel sorgen schon heute für ein deutliches gesellschaftliches Gefälle und entsprechende Spannungen. Hält es eine Gesellschaft aus, national wie global gesehen, wenn sich die Chancenungleichheit potenziert, indem ohnehin schon Bevorteilte sich zusätzlich einen körperlichen Vorteil verschaffen? Sie hält es aus, wenn jene, die den Vorteil haben, diesen zum Wohle aller einsetzen. Also vermutlich nicht. Wahrscheinlicher ist – *homo homini lupus* –, dass eine neue Superelite auf Kosten der Normalmenschen ein privilegiertes Leben führen und ihre Macht stetig ausbauen wird. Im harmloseren Fall innerhalb einer technikgestützten Hegemonie. Im schlimmsten Fall in einer totalitären Gesellschaft.

Verschmilzt der Mensch irgendwann zur Mensch-Maschine verliert er seinen menschlichen Kern. Bereits auf dem Weg dorthin aber droht er seine Menschlichkeit zu verlieren.

Was für ein Homo digitalis bin ich?

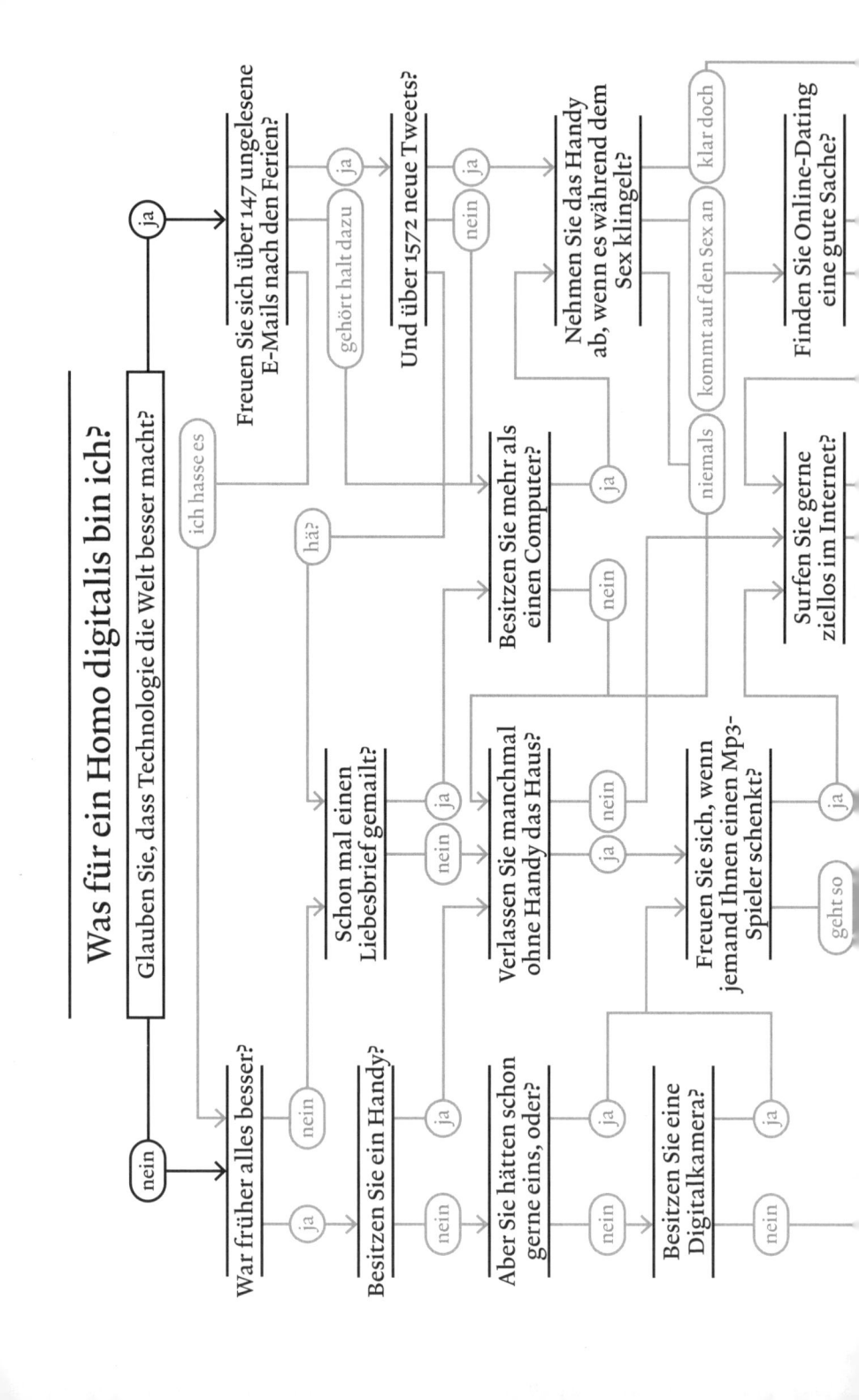

Glauben Sie, dass Technologie die Welt besser macht?

- nein → **War früher alles besser?**
  - ja → **Besitzen Sie ein Handy?**
    - nein → **Aber Sie hätten schon gerne eins, oder?**
      - ja → **Besitzen Sie eine Digitalkamera?**
        - ja
        - nein
      - nein → **Freuen Sie sich, wenn jemand Ihnen einen Mp3-Spieler schenkt?**
    - ja
  - nein → **Besitzen Sie ein Handy?**
- ja → **Freuen Sie sich über 147 ungelesene E-Mails nach den Ferien?**
  - ich hasse es
  - gehört halt dazu
  - ja → **Und über 1572 neue Tweets?**
    - ja → **Nehmen Sie das Handy ab, wenn es während dem Sex klingelt?**
      - klar doch → **Finden Sie Online-Dating eine gute Sache?**
      - kommt auf den Sex an
      - niemals
    - nein

Schon mal einen Liebesbrief gemailt?
- ja
- nein
- hä?

Besitzen Sie mehr als einen Computer?
- ja
- nein

Verlassen Sie manchmal ohne Handy das Haus?
- ja
- nein

Freuen Sie sich, wenn jemand Ihnen einen Mp3-Spieler schenkt?
- ja
- geht so

Surfen Sie gerne ziellos im Internet?

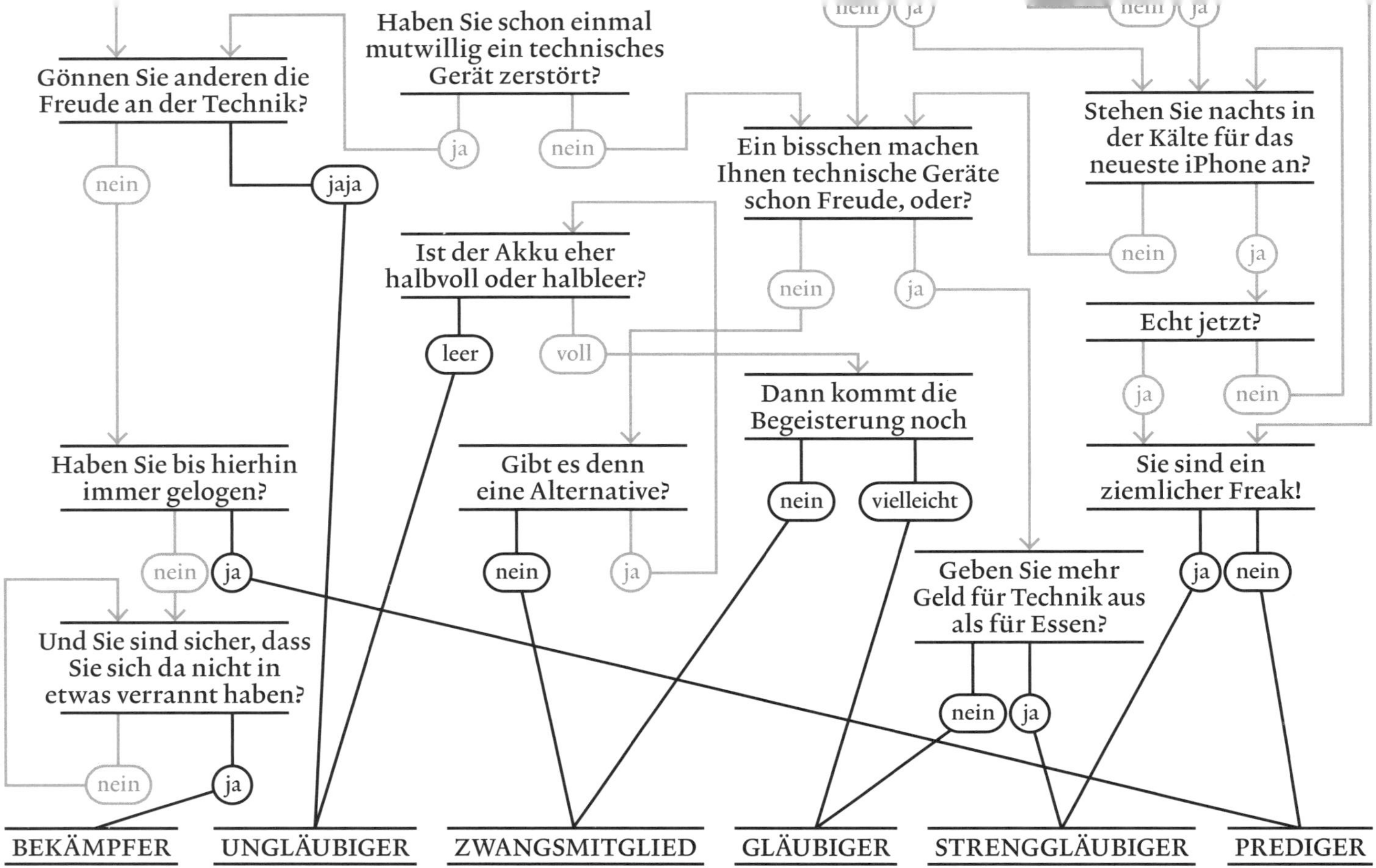

Gönnen Sie anderen die Freude an der Technik?
nein
jaja
Haben Sie schon einmal mutwillig ein technisches Gerät zerstört?
ja
nein
Ein bisschen machen Ihnen technische Geräte schon Freude, oder?
nein
ja
Stehen Sie nachts in der Kälte für das neueste iPhone an?
nein
ja
Echt jetzt?
ja
nein
Ist der Akku eher halbvoll oder halbleer?
leer
voll
Dann kommt die Begeisterung noch
nein
vielleicht
Haben Sie bis hierhin immer gelogen?
nein
ja
Gibt es denn eine Alternative?
nein
ja
Sie sind ein ziemlicher Freak!
ja
nein
Geben Sie mehr Geld für Technik aus als für Essen?
nein
ja
Und Sie sind sicher, dass Sie sich da nicht in etwas verrannt haben?
nein
ja
BEKÄMPFER
UNGLÄUBIGER
ZWANGSMITGLIED
GLÄUBIGER
STRENGGLÄUBIGER
PREDIGER

Leben und Überleben
Seite 15 bis 44

Gut und Böse
Seite 45 bis 80

Stil und Anstand
Seite 81 bis 104

Rat und Tat
Seite 105 bis 132

Sein und Selbst
Seite 133 bis 162

Trends und Zukunft
Seite 163 bis 194

Technologie:
eine heitere Geschichte des Irrtums

Si tacuisses, philosophus mansisses – Hättest du geschwiegen, wärst du ein Weiser geblieben. (Lateinisches Sprichwort)

Der Weg in die digitale Welt von heute ist gepflastert mit Irrtümern von gescheiten Menschen. So manche technische Neuerung, die später die Welt erobern sollte, wurde masslos unterschätzt. Anderem wurde eine immense Durchschlagskraft bescheinigt, die nie eintrat. Wenn heute ein Superlativ den nächsten jagt, so ist es beruhigend zu wissen, dass der Irrtum stets ein treuer Begleiter des Fortschritts war und bleiben wird.

So begann die Geschichte des Internets mit einer genauso präsidialen wie kolossalen Fehleinschätzung. Als Graham Bell 1876 dem damaligen Präsidenten der Vereinigten Staaten Rutherford B. Hayes das erste Telefon vorstellte, das viel später dem Internet den Weg ebnen sollte, meinte dieser: «*That's an amazing invention, but who would ever want to use one of them?*» Er hat damit geradezu eine Blaupause geschaffen, um technische Neuerungen mit lobenden Worten abzutun. Allen Fortschritts-Skeptikern sollte Rutherfords Fehleinschätzung eine Lehre sein, Neues niemals zu unterschätzen, vor allem nicht, wenn sie selber erkennen, dass es «eine grossartige Erfindung» ist. Wie die Geschichte jedoch zeigt, haben wenige daraus gelernt. Selbst Erfinder und Fachleute haben sich reihenweise beim Potenzial grosser Neuerungen vertan.

Vollkommen richtig lag die amerikanische Fachzeitschrift POPULAR MECHANICS, als sie 1949 mit einer Berechnung zum Schluss kam: «Computer der Zukunft werden nicht mehr als 1,5 Tonnen wiegen.» Dass man den Computer der Zukunft in Form eines 100 Gramm schweren Smartphones in der Hosentasche mit sich herumtragen wird, hätte sie wohl dennoch erstaunt. So schnell macht die Zeit aus einer kühnen Prognose eine unfreiwillige Pointe. Ende der 70er Jahre waren Computer bereits leichter als Elefanten, dennoch gab sich der Präsident der DIGITAL EQUIPMENT CORPORATION, Ken Olson, 1977 noch überzeugt: «Es gibt keinen Grund dafür, dass jemand einen Computer zu Hause haben will.» Als er diese Weisheit sprach, war ein anderer bereits widerlegt worden. Ein amerikanischer Verleger hatte 1957, nachdem er sich nach eigenem Bekunden mit den schlausten Menschen des Landes unterhalten hatte, die elektronische Datenverarbeitung für eine Modeerscheinung erklärt, «die kein Jahr überdauern wird». Den Verlag gibt es noch heute; auch dort will man, wie ein Blick auf die Website zeigt, die Modeerscheinung aus den 50er Jahren nicht mehr missen.

Auch jenes kleine Ding, das die elektronische Datenverarbeitung erst so richtig in Schwung brachte, musste zu Beginn untendurch. «*What the hell is it good for?*», kommentierte IBM-Ingenieur Robert Lloyd 1968 den Mikroprozessor. Ausgerechnet im Jahr der bewusstseinserweiternden Substanzen bewies er einen eingeschränkten Horizont. 95 Jahre nach Rutherford mit dem Telefon war er exakt in dieselbe Falle getappt.

Ein anderer war zu jener Zeit umso zuversichtlicher unterwegs. Herbert A. Simon, einer der Pioniere im Feld der künstlichen Intelligenz, war sich in den 60er Jahren sicher, dass «innert zwanzig Jahren Maschinen alles werden tun können, was der Mensch kann.» Heute, nochmals 25 Jahre später, warten wir noch immer darauf, dass eine Maschine echte Emotionen zeigen kann. Oder uns ein Bier vor den Fernseher bringt.

Wir warten auch noch immer auf das viel beschworene, nie gesichtete papierlose Büro. In den 70er Jahren war es uns erstmals versprochen worden, ziemlich überzeugend, vom Palo Alto Research Center. «Das zeitraubende Hin- und Hergeschiebe von Papier wird im Büro der Zukunft durch Informationsverarbeitung mit Computer ersetzt», hiess es in einem Prognosepapier. Nun, vielleicht haben wir die Prognose einfach dahingehend falsch verstanden, dass das damals skizzierte Büro der Zukunft schon heute Realität sein solle. Vielleicht hat man aus Palo Alto viel weiter in die Zukunft geschaut. Im Büro der Gegenwart jedenfalls fliegt mehr Papier denn je herum, Internetausdrucker ist nicht zufällig zum Schimpfwort avanciert und E-Mails brauchen noch immer eine Erinnerung in der Signatur, dass man an die Natur denken solle, bevor man sie ausdruckt.

Apropos E-Mail: «Ein absolut unverkäufliches Produkt», befand 1979 der Softwareentwickler und Berater Ian Sharp. Heute werden jeden Tag rund 300 Milliarden E-Mails verschickt, eine Geschäftswelt ohne E-Mails ist ausserhalb jeder Vorstellungskraft. Oder wie die Journalistin June Kronholz schön sagte: «*Diamonds are forever. E-mail comes close.*» Dass man sich auch in jüngerer Zeit in Sachen E-Mails noch verschätzen kann, bewies ein gewisser Bill Gates. Er versprach 2004, Spam sei «in zwei Jahren ein Ding der Vergangenheit» *(Siehe: «Warum verschwindet Spam eigentlich nie?»)* Vielleicht wäre uns Spam ganz erspart geblieben, wenn E-Mail nie erfunden worden wäre. 1959 sah der Chef der amerikanischen Post, Arthur Summerfield, die Zukunft der Nachrichtenübermittlung in anderen Sphären. «Wir stehen an der Schwelle zur Raketenpost», meinte er.

Je schneller die technologische Entwicklung voranschreitet, desto brutaler ist die Realität zu den Prognostikern. Was natürlich auch in den letzten Jahren niemanden davon abgehalten hat, wissend über die Zukunft zu urteilen. Erst recht nicht einen, der sich selber «Zukunftsforscher» nennt. Und was wusste Matthias Horx 2001 über die Zukunft zu berichten? «Das Internet wird kein Massenmedium – weil es in seiner Seele keines ist.» Keine Zukunftsforscher, dafür immerhin Marktforscher sind die Leute bei GARTNER. Sie sagten 2003 voraus, dass die Mobiltelefone der Zukunft mit Brennstoffzellen angetrieben werden. Wir warten noch darauf und erinnern uns daran, dass die Energieversorgung eigentlich schon viel weiter sein sollte: Hätte der Staubsaugerhersteller Alex Lewyt recht behalten, so wären seit den 60er Jahren Staubsauger mit Atomenergie auf dem Markt. Dann hätten die heutigen Technikwunder, wenn schon keine Seele, so immerhin einen strahlenden Kern.

Der Brite Sir Alan Sugar wurde mit seiner Technologiefirma zum Milliardär. Anderen traut er offensichtlich weniger zu. Im Februar 2005, als APPLE-Jünger und viele mehr vom iPod längst verzückt waren, verkündete er in einem Interview: «Bis Weihnachten ist der iPod tot. *Finished, gone, kaput.*» An besagten Weihnachten war der iPod nicht tot, sondern hatte sich total 174 Millionen Mal verkauft. Sugar war freilich nicht der Erste, der APPLE unterschätzt hat. «APPLE ist tot», meinte der Chief Technology Officer von MICROSOFT 1997. Heute hat das nicht mehr ganz so tote APPLE einen Börsenwert von rund 250 Milliarden – und ist damit mehr wert als MICROSOFT.

Doch nicht jeder, der sich irrt, muss sich später Spott anhören. Der Unternehmer Steve Chen dürfte sich über eine Fehlprognose im Nachhinein sogar diebisch gefreut haben. Als kurz nach der Gründung seiner Videoplattform fünfzig Filmchen auf der Seite zu sehen waren, gab sich Chen sehr skeptisch, ob sein Produkt etwas tauge. «Es gibt einfach nicht wirklich viele Videos, die ich unbedingt sehen möchte», meinte er. 19 Monate später kaufte GOOGLE seine Firma für 1,65 Milliarden Dollar, Chen kassierte geschätzte 350 Millionen. Heute werden auf YOUTUBE pro Tag über zwei Milliarden Videos abgerufen.

Die Moral von der Geschicht? Es kommt anders, als man denkt, und schneller, oder nicht. Alles in allem sollten wir froh sein, dass es den Irrtum gibt. Sonst wäre nämlich das Internet längst zu Grunde gegangen. Wie sagte der Elektrotechniker Robert Metcalfe Mitte der neuziger Jahre: «Ich sage voraus, dass sich das Internet bald zu einer Supernova aufbläht und 1996 katastrophal kollabieren wird.»

Das digitale Leben, in Zitaten erklärt

«Wir leben in einer Gesellschaft, die hochgradig von Technologie abhängig ist, in der aber kaum jemand etwas von Technologie versteht.»
— Carl Sagan, amerikanischer Astrophysiker (1934–1996)

«Das Traurigste am Leben ist, dass die Wissenschaft derzeit schneller Wissen sammelt als die Gesellschaft Weisheit.»
— Isaac Asimov, russischer Science-Fiction-Autor (1920–1992)

«Das Internet ist so gross, so mächtig und so sinnlos – für manche ist es ein kompletter Ersatz für das Leben.»
— Andrew Brown, Präsident der British Computer Society Young Professionals Group

«Die Fabrik der Zukunft wird zwei Angestellte haben, einen Menschen und einen Hund. Der Mensch ist dazu da, den Hund zu füttern. Der Hund, um den Menschen davon abzuhalten, die Geräte anzufassen.»
— Warren G. Bennis, Präsident der Universität Cincinnati

«Die Rechenautomaten haben etwas von den Zauberern im Märchen. Sie geben einem wohl, was man sich wünscht, doch sagen sie einem nicht, was man sich wünschen soll.»
— Norbert Wiener, amerikanischer Mathematiker (1894–1964)

«Manche sorgen sich darum, dass wir uns gegenüber künstlicher Intelligenz minderwertig fühlen werden. Doch jeder mit klarem Verstand sollte schon einen Minderwertigkeitskomplex entwickeln, wann immer er eine Blume betrachtet.»
— Alan C. Kay, amerikanischer Informatiker

«Die Zukunft ist schon da. Sie ist bloss noch nicht gleichmässig verteilt.»
— William Gibson, amerikanischer Science-Ficition-Autor

«Technik [ist ein] Kniff, die Welt als Widerstand aus der Welt zu schaffen, beispielsweise durch Tempo zu verdünnen, damit wir sie nicht erleben müssen.»
— Max Frisch, Schweizer Schriftsteller (1911–1991)

«Alle grossen Erfindungen des Menschen – das Flugzeug, das Auto, der Computer – sagen wenig über seine Intelligenz aus, sehr viel aber über seine Faulheit.»
— Mark Kennedy, amerikanischer Politiker

«Das Internet ist das erste von Menschenhand erschaffene Ding, das der Mensch nicht versteht. Es ist das grösste Experiment in Anarchie, das es jemals gab.»
— Eric Schmidt, CEO von GOOGLE

«Science-Fiction bleibt nicht lange Fiktion. Schon gar nicht im Internet.»
— Vinton Cerf, «Vater des Internets»

«Die Technik entwickelt sich immer mehr vom Primitiven über das Komplizierte zum Einfachen.»
— Antoine de Saint-Exupéry, französischer Flieger und Schriftsteller (1900–1944)

«Jede hinreichend weit entwickelte Techologie lässt sich nicht mehr unterscheiden von Magie.»
— Arthur C. Clarke, britischer Science-Fiction-Autor (1917–2008)

«Eine Maschine kann die Arbeit von fünfzig gewöhnlichen Menschen übernehmen. Keine Maschine kann die Arbeit eines einzigen aussergewöhnlichen Menschen übernehmen.»
— Elbert Hubbard, amerikanischer Philosoph (1856–1915)

«Wenn wir erst die technischen Möglichkeiten haben, Berge zu verschieben, wird es den Glauben nicht mehr brauchen, der Berge versetzen kann.» — Eric Hoffer, amerikanischer Philosoph (1902–1983)

Darf ich all dieses technische Zeugs einfach doof finden?

Ja, unbedingt. Ist ja langweilig genug, dass alle Kinder Lokführer, Tierärztin und Germany's Next Topmodel werden wollen. Da darf man sich als gestandener Erwachsener dann durchaus mal als freiberuflicher Kulturpessimist durchs Leben schlagen. Alleine sind Sie damit bei weitem nicht. Kulturpessimismus ist gerade ziemlich en vogue, was wohl so manchen Kulturpessimisten gleich in die erste Existenzkrise führen dürfte. Trends sind verdächtig, früher war schliesslich alles besser.

Nun, Sie wollen Kulturpessimist sein. Sich dem heiligen Kleinkrieg gegen den technischen Fortschritt verschreiben. Eine weise Entscheidung. Wie damals in der Schule, als Sie Fussball zu einem dumpfen Proletensport erklärt haben, weil Sie nie mitspielen durften.

Der Kulturpessimist stilisiert sein eigenes Unvermögen zur stolzen Grundhaltung. Er verklärt das Vergangene, weil er nicht fähig ist, Veränderung mitzumachen. Er erhebt seine eigene Ratlosigkeit zum Prinzip, um sich jenen überlegen zu fühlen, die optimistisch in die Zukunft blicken. Er greift zur Keule der Fundamentalkritik, weil er die Entwicklung nicht gut genug versteht, um das zu kritisieren, was es wirklich zu kritisieren gilt.

Dabei hätten die Kulturpessimisten gar nicht so schlechte Argumente in der Hand. Die rasant fortschreitende Technik wirft eine Menge Fragen auf. Die meisten von uns stellen sich diesen Fragen nicht, weil die Fragezeichen in einer überwältigenden Dichte und Geschwindigkeit daherkommen. Der Kulturpessimist aber stellt sich selber ins Abseits der Diskussion, indem er das Gesamtbild nicht mit feinen Pinselstrichen zu korrigieren sucht, sondern mit dem Wasserwerfer.

Die deutsche Autorin Kathrin Passig beschreibt im Artikel *Standardsituationen der Technologiekritik* die Erregungskurve des

Kulturpessimisten in neun Schritten. Sie entlarvt den Kulturpessimisten als notorischen Wiederholungstäter. Als einen, der auf TWITTER nicht anders reagiert als auf die Erfindung des Rades.

Sein Kreuzzug gegen das Neue beginnt stets mit einem verächtlichen «Wozu bitte soll denn das gut sein?», gleich nachgedoppelt mit «Wer will denn so was?» *(Siehe: «Technologie: eine heitere Geschichte des Irrtums»)*. Diejenigen, die sich am Neuen interessiert zeigen, werden als «zweifelhafte und privilegierte Minderheiten» abgestempelt. Das Ganze ist «eine Mode, die wieder vorbeigeht», weiss der Kulturpessimist. Denn gut ist, was sich bewährt hat. Die Zukunft aber, die hat sich noch nicht bewährt, ist also tunlichst zu vermeiden.

Irgendwann kommt auch für den Kulturpessimisten der Punkt, wo das Neue nicht mehr einfach wegdiskutiert werden kann. Doch der Kulturpessimist wäre nicht Kulturpessimist, wenn er nicht auch darauf eine Antwort hätte. «Es wird sich absolut nichts ändern.» Denn, und das erkennt der Kulturpessimist natürlich sofort, das Neue ist «zwar gut, aber nicht gut genug». Der Kulturpessimist kritisiert wohlgemerkt nicht um seinetwillen, er sorgt sich um die anderen, die mit keinem so gefestigten Charakter und geschärften Intellekt gesegnet sind wie er selber. Sie alle «werden mit dem Neuen nicht umgehen können», werden verdorben, tragen Schäden davon. Und doch wollen sie die Mahnrufe des Erleuchteten nicht hören und rennen dem Neuen nach wie die Lemminge auf die Klippe zu. Der Kulturpessimist kramt nun den Knigge hervor. Wenn schon alle dieses Neue nutzen wollen, dann bitte mit der nötigen «Etikette», damit niemand anderes vom Neuen belästigt wird. Es ist der letzte Versuch des Kulturpessimisten, die Unterschiede zwischen sich und den anderen dadurch zu erklären, dass die anderen sonderbar sind.

Ist das Neue in der Masse angekommen, muss der Kulturpessimist zum vernichtenden Fazit anheben: Das Neue verändert unsere Kultur – unsere Sprache, unser Denken, unsere Umgangsformen – zum Schlechteren *(Siehe: «Richtet das Internet unsere Sprache zu Grunde?»)*. Jetzt ist es zu spät. Nicht aber für den Kulturpessimisten. Der hat längst die nächste Neuerung entdeckt: «Wozu bitte soll denn das gut sein?»

Machen wir uns nichts vor. Der Kulturpessimist schlummert in jedem von uns. So wie in jedem von uns vermutlich ein Serienmörder schlummert. Darum: Ja, lassen Sie den Kulturpessimisten raus, bevor Sie noch zum Serienmörder werden.

Gibt es Musik bald nur noch als Downloads?

Nein, ganz im Gegenteil: Musikdownloads werden in den nächsten Jahren aussterben. Bei Lichte betrachtet ist das Herunterladen von Musik nur ein krudes Übergangsmodell, das bereits jetzt daran ist, überflüssig zu werden. Selbst die angeblich so todgeweihte COMPACT DISC wird die Downloads mühelos überleben. Zwar gewinnen Downloads momentan noch weiter Marktanteile dazu. Im in dieser Hinsicht am weitesten entwickelten Markt, dem amerikanischen, sorgen sie inzwischen für mehr als ein Drittel der Einnahmen aus Musikverkäufen. Rechnet man Filesharing hinzu, so machen Downloads inzwischen die Mehrheit des Musikerwerbs aus. Doch dieser Trend täuscht. Was wir sehen, ist das Verglühen eines sehr kurzlebigen Vertriebsmodells.

Im Zeitalter von Breitbandinternet wird ein bislang grundlegendes Prinzip des Musikkonsums radikal in Frage gestellt: der Besitz von Musik. Bis vor wenigen Jahren musste, wer sich nicht den Launen von Radio und Musikfernsehen unterwerfen wollte, selber Musik besitzen, wenn er welche hören wollte. Sei das in Form von Schallplatten, Kassetten, CDs und zuletzt legal oder illegal heruntergeladenen Musikdateien. Musik auf Abruf gab es nur aus der eigenen Sammlung. Und diese musste stets gepflegt und erweitert werden.

Die heutige Geschwindigkeit des Internets erlaubt es, Songs direkt aus dem Netz zu streamen, also abzuspielen, ohne dass man sie selber besitzt. Millionen von Songs können jederzeit bei Diensten wie MYSPACE, YOUTUBE oder HYPEMACHINE kostenlos und ohne Registrierung abgespielt werden. Eine britische Studie aus dem Sommer 2009 hat gezeigt, dass Jugendliche zunehmend diese Form des Musikkonsums dem Downloaden vorziehen. Innert einem Jahr ist etwa der Anteil Jugendlicher, die Musik gratis aus dem Netz herunterladen, von 42 auf 26 Prozent gesunken. Wenn junge Menschen sogar die kostenlose Variante des Musikerwerbs zunehmend verschmähen, ist dies ein deutliches Zeichen. Offenbar haben die Menschen tatsächlich immer weniger Interesse daran, Musik zu besitzen.

Der Nachteil dieser Art, Musik zu hören: Man kann keine ganzen Alben am Stück hören und verliert schnell den Überblick, weil die Songs im ganzen Internet verstreut sind. Ein schlagendes Argument für die eigene Musiksammlung auf dem Computer, möchte man meinen. Aber auch hierfür gibt es bereits Abhilfe, von Streamingdiensten wie SPOTIFY, SIMFY oder DEEZER, deren Produkt so aussieht und funktioniert wie iTunes oder der WINDOWS Media Player. Bloss dass die Musikstücke nicht auf dem Computer gespeichert sind, sondern auf grossen Servern, die irgendwo in der Welt stehen können. Für einen monatlichen Betrag von circa 15 Franken erhält man das Recht, jederzeit und von überall aus auf den gesamten Fundus zuzugreifen.

In Zukunft – und sie hat bereits begonnen – kauft man sich keine einzelnen Werke mehr, sondern den Zugang zu allen. Es gibt keine komfortablere und günstigere Art, jederzeit die Musik zu hören, auf die man gerade Lust hat. Auf der rein pragmatischen Ebene ist das das entscheidende Kriterium. Tonträger haben sich stets zur nächst komfortableren Handhabung hin entwickelt. Vinyl hat Schellack den Rang abgelaufen, weil die neuen Platten nicht mehr so leicht kaputt gingen. Die CD hat der Vinyl-Platte den Rang abgelaufen, weil man leichter zwischen Songs hin und her springen konnte. Musikdateien laufen der CD den Rang ab, weil sie sich besser verwalten lassen und deutlich portabler sind. Im nächsten Schritt stechen Streams die lokalen Musikdateien aus, weil sie ein grösseres Angebot bieten. Die Sammlung ist prallvoll und erweitert sich von alleine, so dass sie immer auf dem neuesten Stand ist. Wenn es rein um die Verfügbarkeit von Musik geht, ist Besitz heute hinfällig.

Natürlich gibt es noch die andere Seite. Einem echten Musikliebhaber reicht der reine Zugang zu Musik nicht aus. Eine emotionale Verbindung zu bestimmten Werken entsteht durch den bewussten Kaufakt und durch den tatsächlichen Besitz. Es ist das Bekenntnis eines Liebhabers zu einem bestimmten Werk, das er im Unterschied zu anderen besitzen möchte. Hier aber standen die Downloads schon immer schlecht da. Die Musikdatei, auch wenn sie durch den Download zum Besitz geworden ist, strahlt nichts aus, ist wertlos. Eine Musiksammlung, die aus nichts als Bits und Bytes besteht, macht keinen Musikliebhaber glücklich. Die Überlegenheit des Musikbesitzes im Unterschied zum blossen Zugang liegt in der physischen Präsenz. Man muss die Sammlung anschauen und anfassen können, muss Booklets zum Durchblättern haben. Vinyl-Platten – und mit Abstrichen auch CDs – sind Kunstwerke über die Musik hinaus. So erstaunt es nicht, dass sich parallel zum Aufstieg digitaler Musik der Marktanteil von Vinyl seit 1999 wieder verdoppelt hat. Die physischen Tonträger kompensieren die Seelenlosigkeit der Bits und Bytes, die heute Musik am bequemsten zu uns bringen.

Natürlich verlangt der Musikkonsum der Zukunft nicht nach einen Entweder-oder. Der Musikliebhaber wird seine liebsten Werke im Regal stehen haben und per Streaming-Abo Zugriff auf alle anderen haben. Bloss für Musikdownloads gibt es keinen Platz mehr. Ihr pragmatischer Wert ist überholt, einen emotionalen Wert hatten sie nie. Vermissen wird sie niemand.

Bleibt das Internet gratis?

Nun, wirklich gratis war das Internet nie. *There ain't no such thing as a free lunch,* wie die Ökonomen zu sagen pflegen. In einer Wirtschaft, in der die Akteure Geld verdienen wollen, gibt es keine Leistung ohne Gegenleistung. Das gilt für das Internet genauso wie für die Gastronomie. Oder wie der Webunternehmer Dave McClure unmissverständlich schreibt: «*The Internet does not want to be free... It wants to get paid on Fucking Friday, just like everybody else on the damn planet.*»

Wenn wir eine Suchmaschine nutzen, ein soziales Netzwerk, eine Nachrichtenwebsite, dann kostet uns das – in den allermeisten Fällen – nichts. Zumindest kein Geld. Aufmerksamkeit ist die Währung, mit der wir bezahlen. Persönliche Daten der Pfand, den wir hinterlegen. Der Betreiber der Website kann unsere Aufmerksamkeit bei Werbekunden gegen Geld eintauschen. Das Problem dabei: Der Wechselkurs ist schlecht. Und vom ohnehin schon zu kleinen Online-Werbekuchen frisst GOOGLE das meiste weg. Kurz: Zu wenig Geld kommt rein. Vor allem in Medienhäusern wird darum in letzter Zeit eifrig darüber nachgedacht, den Besuchern ihrer Websites direkt Geld abzuknöpfen. Für eine Zeitung oder ein Magazin legen interessierte Leser ja auch Bares auf den Tisch – warum, so die Überlegung, sollte das im Internet anders sein?

Nun ja, weil das Internet anders ist. Es ist nicht, wie gerne argumentiert wird, eine Erbsünde in der Entwicklung des Internets, dass man nicht von Anfang an Geld für Inhalte verlangt hat. Es ist die logische Konsequenz aus den wirtschaftlichen Bedingungen des Internets. Der Preis eines Guts fällt in einem kompetitiven Markt auf die Grenzkosten, also die Kosten für die Herstellung einer zusätzlichen Einheit des Guts. Chris Anderson bringt es in seinem Buch «Free – The Future of a Radical Price» auf den Punkt: «[Das Internet] ist der kompetitivste Markt, den die Welt je gesehen hat, einer, in dem die Grenzkosten von Produkten und Diensten praktisch null sind. Wenn also der Preis auf die Grenzkosten fällt, dann ist ‹gratis› nicht nur eine Möglichkeit, sondern ein unvermeidbarer Endpunkt.» Für den Konsumenten bedeutet das: Das Internet bleibt weitgehend gratis. Geld verlangen können nur Dienste, die konkurrenzlos gut und unverzichtbar sind. Anwendungen, die unser Leben schöner machen, mit denen wir Zeit und Geld sparen. Ein Musikdienst etwa, der einfach zu bedienen ist und uns unbeschränkt Zugriff auf Millionen von Songs erlaubt. Eine mobile Applikation, die unsere Kommunikation schön bündelt. Ein fesselndes Videospiel für unterwegs. Oder ein digitales Magazin, die der kostenlosen Nachrichtenwebsite um ein Vielfaches überlegen ist. Dafür bezahlt der Kunde gerne etwas.

Für die Anbieter ist dies eine unbequeme Wahrheit. Die meisten von ihnen sind nämlich nicht konkurrenzlos gut. Vor allem, weil viele Kunden bereit sind, etwas schlechtere Qualität in Kauf zu nehmen, wenn das Produkt dafür gratis ist. Das Technologiemagazin WIRED hat diese Entwicklung treffend mit «*the good-enough revolution*» umschrieben. Die Anbieter werden sich die Köpfe zerbrechen müssen, wollen sie überleben. Sie werden scheitern, wenn sie Geld verlangen für ein Angebot, das es anderswo gratis gibt. Der Konkurrenzdruck ist so gross, dass am Horizont immer das Preisschild «gratis» winkt. Wer heute konkurrenzlos gut ist, hat morgen vielleicht schon einen attraktiven, kostenlosen Nebenbuhler.

Für den Konsumenten ist es grossartig. Alles ist entweder rasend gut oder kostenlos. Oder sogar beides zusammen, weil der Anbieter ein Modell gefunden hat, das ihm erlaubt die grosse Masse gratis zu bedienen und trotzdem Geld zu verdienen. Beispielsweise mit einem *Freemium*-Modell, der Kombination von *free* und *premium*, bei der nur bestimmte Dienstleistungen und Funktionen kosten und das Grundangebot gratis bleibt.

Ändern wird sich die Art und Weise, wie wir im Internet bezahlen. Viele Transaktionen scheitern heute nicht deshalb, weil das Produkt etwas kostet, sondern weil die Bezahlung zu mühsam ist. Aus dem spontanen Kaufinteresse wird dann ein Kauf, wenn mit einem Klick alles abgewickelt ist. An den Orten, wo viele Leute regelmässig einkaufen, bei AMAZON etwa oder bei iTunes, hat sich das Prinzip längst durchgesetzt. Sobald sich dieses Modell im ganzen Netz ausbreitet, wird sich zeigen, dass die Zahlungsbereitschaft der Nutzer deutlich höher ist, als man bislang angenommen hat. Immer vorausgesetzt, das Produkt ist wirklich gut. Diese 1-Klick-Kassen werden jene Dienste anbieten, die bereits heute über eine riesige Nutzerbasis verfügen. GOOGLE, FACEBOOK, APPLE, vielleicht auch MOZILLA über den FIREFOX-Browser oder klassische Kreditkartenunternehmen. Der Kunde lädt sein Nutzerkonto bei einem der Dienste auf und kann auf jeder Website mit einem Klick bezahlen.

Kurzum: Das Bezahlen wird bequemer, wir Konsumenten werden aber auf nichts verzichten müssen, was bisher kostenlos war. Wenn wir in Zukunft im Internet mehr Geld ausgeben, dann nur deshalb, weil uns mehr geboten wird, wofür es sich lohnt, zu bezahlen.

Steuern wir auf die totale Überwachung zu?

Das Problem mit der Überwachung ist, dass wir immerzu an Orwell denken. Wir halten nach Kameras Ausschau, schauen dem Staat auf die Finger und übersehen dabei, dass die Überwachung ganz woanders rasant voranschreitet. Und zwar nicht wider unseren Willen, sondern weil wir es so wollen. Wir sind dabei, staatliche Überwachung überflüssig zu machen, indem wir selber viel mehr von uns preisgeben, als ein Staat jemals herausfinden könnte oder wollte.

Seit das Internet seine Nutzer aktiv mitmachen lässt, ist die Preisgabe persönlicher Daten zum Eintrittsticket geworden. Spätestens seit FACEBOOK im Mainstream angekommen ist, sind das nicht mehr nur ein Benutzername und eine Mailadresse, sondern der tatsächliche Name, Geschlecht, Geburtsdatum und Mailadresse – und das sind nur die Pflichtangaben. FACEBOOK, wie viele andere Dienste, baut darauf auf, dass seine Nutzer Persönliches mit anderen teilen. Für jeden Einzelnen wächst der Nutzen des Netzwerks, umso mehr Persönliches er preisgibt. Und die Nutzer tun es. Jeden Monat werden beispielsweise drei Milliarden neue Fotos auf FACEBOOK veröffentlicht. Wenn auf jedem Foto zwei Menschen zu sehen sind, ist das fast die ganze Weltbevölkerung, jeden Monat.

Im Januar 2010 hat FACEBOOK die Standardeinstellungen zur Privatsphäre der Nutzer geändert. Davor waren alle Dinge, die man auf FACEBOOK preisgegeben hat – Angaben zur Person, Fotos, Statusmeldungen – für den eigenen Freundeskreis bestimmt, ausser man hat sie bewusst öffentlich gemacht. Nun ist es genau umgekehrt. Es sei inzwischen normal, dass man Privates mit der Öffentlichkeit teilt, begründete FACEBOOK-Gründer Mark Zuckerberg den Schritt. FACEBOOK vollziehe damit nur eine Entwicklung nach, die in der Internet-Gesellschaft längst geschehen ist: der Übergang von Privatsphäre zu Offenheit. Das Gegenteil ist wahr: FACEBOOK mit seinen über 500 Millionen Mitgliedern ist neben GOOGLE diejenige Firma, die am stärksten prägt, wie Privatsphäre im Internet gehandhabt wird. Was die beiden vorgeben, wird alleine schon deshalb zur Norm, weil die Mehrheit der Nutzer sich nicht die Mühe macht, die Einstellungen von Hand anzupassen.

Beide Firmen erfassen bereits seit längerem auch jene, die ihre Dienste gar nicht aktiv nutzen. Wenn ein FACEBOOK-Mitglied sein Adressbuch mit FACEBOOK synchronisiert, speichert FACEBOOK alle Mailadressen und Telefonnummern aus dem

Adressbuch. Als GOOGLE seinen neuen Dienst Buzz eingeführt hat, war bei jedem Nutzer zu sehen, mit welchen Leuten er am häufigsten korrespondierte. Wer nicht erfasst werden will, muss sich aktiv dagegen wehren. Einfach auf den Dienst zu verzichten, reicht nicht mehr.

Orwell würde es kalt den Rücken hinunterlaufen. Aldous Huxley würde ungläubig den Kopf schütteln, wissend, dass er vieles vorausgesehen hat. Dass die Menschen der Zukunft nicht mit Zwang überwacht werden, sondern mit Zückerchen. Huxleys Zukunft ist unsere Gegenwart.

Noch ist es so, dass wir zwar bereitwillig, aber freiwillig viel Persönliches teilen. Noch ist es uns überlassen, welche Privatsphäre-Einstellungen wir bei FACEBOOK und Co. wählen. Noch verwenden die Firmen unsere persönlichen Daten nur, um uns möglichst passgenau mit Werbung zu beliefern. Aber natürlich wecken diese vielen, sehr wertvollen Daten Begehrlichkeiten. Während die Preisgabe von Daten heute noch eine freie Wahl ist, könnte sie morgen schon mit handfesten Vorteilen verbunden sein. Übermorgen hat handfeste Nachteile, wer seine Daten nicht preisgibt. Der nächste Schritt ist dann der Zwang zur Transparenz. Wer nicht transparent sein will, ist in Zukunft verdächtig. In Zukunft? GOOGLE-CEO Eric Schmidt sagte im Dezember 2009 in einem Fernsehinterview: «*If you have something that you don't want anyone to know, maybe you shouldn't be doing it in the first place.*» Privatsphäre wird als Geheimniskrämerei umdefiniert.

Wie diese Entwicklung ganz konkret in unser Leben eingreifen kann, lässt sich gut anhand des Dienstes 23ANDME zeigen. 23ANDME ist ein kalifornisches Unternehmen, das für wenig Geld Gentests für alle anbietet. Man lässt seine Spucke analysieren und erhält detaillierte Auswertungen zu Erbkrankheiten und Gesundheitsrisiken. Ein interessantes Angebot (findet übrigens auch GOOGLE, das an der Firma beteiligt ist). Heute komplett freiwillig. Was aber, wenn Krankenkassen jenen eine Prämienreduktion anbieten, die den Test machen und offenlegen? Was, wenn Krankenkassen nur noch Kunden akzeptieren, die einen Test vorlegen? Was, wenn der Gentest für jeden Bürger obligatorisch wird?

Ein noch weiter reichendes Beispiel: Es wäre denkbar, dass jeder Mensch einen kleinen Chip unter die Haut gesetzt bekommt, der alles aufzeichnet, was wir tun. Wo wir wann waren, was wir wann zu wem gesagt haben. Die Daten könnten einem vor Gericht ein Alibi verschaffen – oder als Beweismittel zum Verhängnis werden. Man könnte sich in Erinnerung rufen, was man dem Kunden vorletzte Woche genau versprochen hat. Heute schon bezahlen Autofahrer weniger für ihre Versicherung, wenn sie einen Crash-Recorder im Fahrzeug einbauen lassen, mit dem Unfälle leichter analysiert werden können. Warum also nicht das Prinzip gleich auf den Menschen ausdehnen. Klingt verrückt? Es gibt das Projekt bereits. Es heisst MyLifeBits, entwickelt von MICROSOFT.

Einer, der die radikale Offenheit bei jeder Gelegenheit propagiert und selber auch lebt, ist der amerikanische Buchautor Jeff Jarvis. Er besitzt Aktien von GOOGLE, wuchs presbyterianisch auf, wählt die Demokraten und unterstützt den Irakkrieg. Das alles steht auf seiner Website. Als er an Prostatakrebs erkrankte, liess er das sofort alle wissen. Ebenso, dass sein Penis seit der Behandlung schrumpft und nicht mehr richtig funktioniert. Seine Offenheit nutze ihm viel mehr, als sie schadet, argumentiert er, weil er viele Ratschläge erhalte – gerade weil die Menschen so viel über ihn wissen. «In der Ära der Offenheit muss sich das Augenmerk von den Risiken auf den Nutzen der Offenheit verschieben», schreibt er im Artikel *The Public Life*. Und erklärt: «Unter Nudisten ist niemand nackt.» Das stimmt nicht. Vor allem dann nicht, wenn ein lüsterner Big Brother von oben herab auf alle Nackten blickt. Gleichzeitig wird jener, der sich unter lauter entblössten Menschen lieber bekleidet hält, zum Aussenseiter und argwöhnisch betrachtet.

Privatsphäre bedeutet nicht, dass man sich verschliesst. Sondern, dass man die Wahl hat, wie sehr man sich öffnet. Wir tun gut daran, die Preisgabe der Privatsphäre allen als Möglichkeit zu lassen und zu verhindern, dass sie zum gesellschaftlichen oder gar staatlichen Zwang wird. Im besten Fall erleben wir gerade mit, wie sich Privatsphäre im Netz gemäss Antoine de Saint-Exupéry «vom Primitiven über das Komplizierte zum Einfachen» entwickelt und dabei ist, sich auf ein sinnvolles Mass einzupendeln. Im schlechtesten Fall wird der britische Künstler Banksy dereinst recht behalten mit seiner Umdeutung des warholschen Bonmots. Seine Mahnung: *In the future, everyone will be anonymous for 15 minutes.*

Welche Bedeutung wird das gedruckte Wort künftig noch haben?

Das ist die falsche Frage. Denn sie tut so, als würde es eine Rolle spielen. In der Diskussion darüber, welche Bedeutung Bücher und Zeitungen in Zukunft noch haben werden und haben sollen, geht es viel zu oft um raschelndes Papier, um Haptik, um gewohnte Nutzungsmuster. Das zeugt von einem beängstigenden Argumentationsnotstand.

Das gedruckte Wort hat die Menschheit von der Renaissance durch die Aufklärung und die industrielle Revolution bis hin zur Postmoderne begleitet. Hat Menschen gebildet, Gesellschaften geformt und Zeitgeschehen für die Ewigkeit dokumentiert. Hat Weltliteratur hervorgebracht und Millionen Menschen täglich mit Nachrichten versorgt. Ja, das gedruckte Wort hat eine lange, beeindruckende Geschichte.

Die hatten die Dinosaurier aber auch. Irgendwann sind sie ausgestorben, weil sich das Klima geändert hat. Genauso wird es dem gedruckten Wort ergehen. Wenn sich das Klima so weit geändert hat, dass die Lebensbedingungen zu garstig sind, wird das gedruckte Wort verschwinden, in den Geschichtsbüchern, wortwörtlich. Denn die Vergangenheit liefert keine Daseinsberechtigung für die Zukunft. Hat sich eine Idee überlebt, so stirbt sie spätestens mit jenen aus, die aus nostalgischen Gründen daran festhalten.

Noch ist es nicht so weit. Der Klimawandel zeichnet sich erst ab. Das gedruckte Wort wird weder morgen noch übermorgen schon aussterben. Wenn wir aber heute ernsthaft über seine Bedeutung sprechen wollen, dann müssen wir die Geschichte ausklammern. Müssen stattdessen darauf fokussieren, was das gedruckte Wort noch zu bieten hat. Tatsächliche Alleinstellungsmerkmale, gegen die das Digitale nicht ankommt.

Dabei lässt sich ganz praktisch argumentieren. Bücher und Zeitungen sind einfach und intuitiv zu bedienen, für das Blättern gibt es in der digitalen Welt noch kein Äquivalent, nur Anlehnungen. Bücher und Zeitungen sind in der Regel angenehmer zu lesen, weil mehr Wert auf Typografie und Gestaltung gelegt wird und weil auch die besten Bildschirme dem Auge noch mehr abverlangen als schwarz auf weiss Gedrucktes. Und, was gerne vergessen wird, Bücher und Zeitungen haben den Vorteil, dass sie Medium und Inhalt zugleich sind. Damit sind sie nicht anfällig auf technische Macken, günstiger und leichter zu ersetzen für den Nutzer.

Das sind wirkliche Argumente, solche, die dafür sorgen, dass Bücher und Zeitungen ihren Schwächen zum Trotz dem digitalen Sturm noch eine Weile werden standhalten können. Irgendwann werden aber auch sie die Vorzüge der technologischen Gegenstücke nicht mehr kontern können. Spätestens dann werden wir merken, dass es eigentlich gar nie um Papier ging. Sondern um etwas viel Grundsätzlicheres. Darum, wie wir unsere Aufmerksamkeit durch ein Universum voller Informationsreize lenken.

Ein Druckerzeugnis, ob Buch, Magazin oder Zeitung, ist ein geschlossener Raum, der uns hilft, zu fokussieren, da er einen Anfang und ein Ende kennt. Wir alle kennen das befriedigende Gefühl, ein Buch zu Ende gelesen zu haben. Und die Zeitung ist aller Schwächen zum Trotz ein angenehmes Informationsmedium, weil man sie irgendwann zur Seite legen kann, mit dem Wissen, «fertig» zu sein *(Siehe: «Verstehen wir weniger von der Welt als früher?»)*. In der stets weiter anschwellenden Informationsflut, die der Mensch nicht mehr bändigen kann, brauchen wir solche abgeschlossenen Räume; Akte der Informationsaufnahme, die irgendwann ein Ende nehmen und nicht Teil einer Endlosgeschichte sind.

Wir sind im Begriff, diese Räume abzuschaffen. Im digitalen Zeitalter hat jeder Raum zig Türen, die in weitere Räume führen und immer weiter, immer weiter. Überall wartet der nächste Link darauf, geklickt zu werden, die nächste multimediale Anreicherung in Form von Bild und Ton. Der Inhalt kennt kein Ende mehr. Die Gefahr, sich zu verzetteln ist gross. Man kann die Informationsaufnahme nicht beenden, sondern nur abbrechen. Dadurch wird das Gefühl verstärkt, nicht ausreichend informiert zu sein. Das ist der Punkt, den es wirklich zu bedenken gilt. Mit Papier und Druckerschwärze hat das herzlich wenig zu tun.

Wenn wir also über die Zukunft des gedruckten Wortes sprechen, sollten wir vielmehr über die Zukunft geschlossener Informationsräume sprechen. Auf Papier waren die Räume zwangsweise geschlossen, in Zukunft müssen wir sie bewusst schliessen, wenn wir ein ähnliches Leseerlebnis noch herstellen wollen. Wünschenswert wäre es auf jeden Fall. Auch in Zukunft möchte ich ein Buch ohne Ablenkungen von vorne nach hinten durchlesen können und zufrieden zur Seite legen, wenn ich am Ende angelangt bin. Ob das Buch dann elektronisch ist, ist mir reichlich egal.

Hat irgendjemand noch den Durchblick?

Es gibt zwei Gruppen von Menschen, die glauben, den Durchblick im digitalen Leben zu haben. Die einen rennen jeder technologischen Neuerung nach und sind stolz darauf, jedes neue Produkt vor der Masse zu kennen. Sie glauben, dass sie an vorderster Front stehen, mache sie zu Experten. Die anderen stehen voller Überzeugung mit beiden Füssen in der analogen Welt und üben sich in skeptischer Kontemplation. Sie glauben, dass sie sich der Entwicklung verweigern, mache sie zu Experten. Die Archetypen der beiden Gruppen sind der junge Blogger und der ergraute Journalist. Statt den Durchblick haben sie den Tunnelblick.

Was beiden gemein ist: Ihnen fehlt die richtige Distanz zum Betrachtungsgegenstand. Die einen sind zu nah dran und nicht in der Lage, einen Schritt zurück zu machen, um das Ganze in einem grösseren (zeitlichen wie gesellschaftlichen) Kontext zu sehen. Die anderen sind in ihrer koketten Angewidertheit zu weit weg, als dass sie tatsächlich verstehen könnten, was hier vonstattengeht *(Siehe: «Darf ich all dieses technische Zeugs einfach doof finden?»).*

Tatsächlich ist es eine grosse Leistung, gleichzeitig mit der rasend schnellen technologischen Entwicklung Schritt zu halten und den Blick für das grosse Ganze zu behalten. Und dann das alles noch anderen auf verständliche Art und Weise zu vermitteln. Es gibt sie aber, kluge Menschen, die genau diese drei Eigenschaften vereinen. Eine kleine Vorstellungsrunde von Menschen, die Ihnen weiterhelfen werden, sollten vollkommen wider Erwarten nach der Lektüre dieses Buches noch Fragen offen bleiben.

Clay Shirky (*1964) — Seit Mitte der 90er Jahre ist der Autor und Berater eine der prägenden Stimmen, wenn es darum geht, die gesellschaftlichen und wirtschaftlichen Implikationen des Internets zu erklären. Zusammenzutragen, was Shirky im Laufe der

Jahre schon alles Kluges zum Internet gesagt und geschrieben hat, gleicht dem Bestreben, die schönsten Dribblings von Lionel Messi zusammenzustellen. Eine seiner wichtigsten Feststellungen ist, dass das Internet ein System ist «in dem Besseres entsteht, wenn man gute Mitwirkende hat, als wenn man gute Planer hat». In verschiedenen Publikationen hat er das Potenzial kollaborativer Arbeit im Netz hervorgehoben und tritt all jenen entschieden entgegen, die behaupten, das Internet mache den Menschen dümmer. In seinem jüngsten Buch beschreibt er den viel beklagten Informationsüberfluss im Netz als wertvolle kreative Explosion.
Lesen: *Cognitive Surplus: Creativity and Generosity in a Connected Age* (PENGUIN PRESS)

Danah Boyd (*1977) — Die amerikanische Ethnographin sagt über sich selber: Ich liebe Technologie; aber ich liebe auch, sie kritisch zu beleuchten. Sie vereint damit die beiden nötigen Grundhaltungen, um Gehaltvolles zum Verständnis der digitalen Welt beizutragen. Sie hat sich vor allem einen Namen gemacht mit scharfen Beobachtungen, wie junge Menschen sich in *social networks* verhalten und wie diese neuen Kommunikationsformen Mensch und Gesellschaft beeinflussen. Ein wichtiges Augenmerk richtet sie dabei auf das immer zentraler werdende Spannungsfeld zwischen Privatsphäre und Öffentlichkeit.
Lesen: *Making Sense of Privacy and Publicity* (Referat, http://www.danah.org/papers/talks/2010/SXSW2010.html)

David Weinberger (*1950) — Der amerikanische Philosoph war einer der Autoren des visionären *Cluetrain Manifesto,* das im Jahr 1999 in 95 Thesen beschrieb, wie das Internet Wirtschaft und Gesellschaft grundlegend verändert, insbesondere, wie es Konsumenten zu denkenden Menschen emanzipiert. Das Werk ist noch heute praktisch unverändert aktuell, ganz einfach deshalb, weil es damals die sich abzeichnenden Entwicklungen so genau

erfasst hat. Zuletzt hat sich Weinberger vor allem mit der Frage auseinandergesetzt, wie wir im digitalen Zeitalter die Unordnung als neues ordnendes Prinzip akzeptieren müssen und welche Vorteile sich daraus ergeben.
Lesen: *Everything is Miscellaneous: The Power of the New Digital Disorder* (TIMES BOOKS)

Paul Carr (*1979) — Er ist, wie er selber sagt, grandios daran gescheitert, aus der Dotcom-Blase der Jahrhundertwende mit seinen eigenen Firmen Profit zu schlagen. Also hat er beschlossen, über den Erfolg anderer Menschen zu schreiben, anstatt selber welchen zu haben. Ein guter Entschluss. Wie kaum ein Zweiter kommentiert er die Technologiebranche zugleich scharfzüngig und scharfsinnig. Nachzulesen in zwei Büchern, vor allem aber in seiner wöchentliche Kolumne für den Technologieblog TechCrunch. Seine Bekanntheit verdankt der Brite seinem unverfrorenen Stil. Respekt aber verdient er für die oftmals sehr treffenden Analysen, die nahe an der Aktualität sind und dennoch den entscheidenden Schritt zurück machen.
Lesen: Paul Carrs Kolumne, *NSFW,* bei TECHCRUNCH: http://www.paulcarr.com/columns/techcrunch

---

Miriam Meckel (*1967) — Die deutsche Kommunikationswissenschaftlerin mit einem Lehrstuhl an der Universität St. Gallen schafft es als eine der wenigen im deutschsprachigen Raum, die Brücke zu schlagen zwischen wissenschaftlicher Auseinandersetzung mit und persönlicher Teilnahme an der neuen Medienwelt. Sie bereichert die Debatte mit geistreichen Referaten und Artikeln, die sich vor allem mit der Frage auseinandersetzen, wie die neue Internetrealität die Kommunikation (zwischen Individuen wie auch zwischen Institutionen und Individuen) verändert.
Hören: *This Object Cannot Be Liked* (Referat, http://www.youtube.com/watch?v=gDP9sJojky0)

Nicholas Carr (*1959) — Internet-Euphoriker mögen Carr nicht. Das ist ein gutes Zeichen. Sein kritischer Blick auf die technische Entwicklung der letzten Jahre ist wichtig, weil er den Fokus weglenkt von der Frage «Was ist möglich?» hin zu «Ist das auch gut so?». In zahlreichen viel beachteten Essays und mehreren Büchern hat er den Scheinwerfer auf Entwicklungen gerichtet, die hinterfragt werden wollen, etwa die Frage, welchen Einfluss das Internet auf unser Denken und unsere Selbständigkeit hat. Carr spricht die grossen Themen der digitalen Welt an, provoziert Widerspruch und ist so ein idealer Sparringspartner.
Lesen: *Rough Type,* Nicholas Carrs Blog: www.roughtype.com

Sarah Lacy (*1975) — Die amerikanische Bloggerin ist bekannt dafür, dass sie im Silicon Valley jeden kennt. Interessant ist sie aus einem anderen Grund. Sie zeichnet das *big picture* im geografischen Sinne. Mit ihren Berichten über die digitale Welt fernab der Zentren ruft sie immer wieder in Erinnerung, dass technologischer Fortschritt nicht nur in den USA, Westeuropa und Fernost stattfindet. Sie ermöglicht Einblicke in die faszinierende digitale Welt von Brasilien, Indonesien oder Südafrika.
Lesen: Ihr neues Buch über die Digitalisierung in Entwicklungsländern erscheint Ende 2010 (JOHN WILEY & SONS)

Tim O'Reilly (*1954) — Man würde nicht unbedingt vermuten, dass einer, der in Harvard Altertumswissenschaften studiert hat, zu den klügsten Köpfen der digitalen Welt gehört. Doch Tim O'Reilly ist seit Jahren unverzichtbar, wenn es darum geht, die rasend schnelle Entwicklung ansatzweise erfassen zu können. Sein Verlag O'REILLY MEDIA ist spezialisiert auf Handbücher, vor allem zu Programmiersprachen und Software-Produkten. O'Reilly selber mischt sich immer wieder in Diskussionen über «das grosse Ganze» ein. So hat er 2005 den heute omipräsenten Begriff des Web 2.0 geprägt und analysiert regelmässig, zuletzt

mit zunehmender Sorge, wie es um das Internet als weltumspannendes «Betriebssystem» steht. Wenn er seine Meinung kundtut, hört die Technologiewelt zu.
Lesen: *The State of the Internet Operating System* (Essay, http://radar.oreilly.com/2010/03/state-of-internet-operating-system.html

---

Alan Rusbridger (*1953) — Der Chefredaktor des GUARDIAN ist der beste Beweis dafür, dass es auf diesem Planeten doch Printjournalisten gibt, die verstanden haben, was im digitalen Zeitalter wichtig ist. Er hat den ehrwürdigen GUARDIAN zu einer massgebenden Onlinepublikation aufgebaut, die weit über die Grenzen Englands hinaus ein Millionenpublikum erreicht und Massstäbe für Qualitätsjournalismus im Internet setzt. In Debatten um die Zukunft des Journalismus ist er eine der prägenden Stimmen. Ihm zuzuhören bedeutet, etwas über die Welt von morgen zu lernen.
Lesen: *The Hugh Cudlipp Lecture: Does Journalism Exist?* (Referat, http://www.guardian.co.uk/media/2010/jan/25/cudlipp-lecture-alan-rusbridger)

Pyrrhon von Elis (*ca. 360 v. Chr.) — Wie gut sein Durchblick mehr als 2000 Jahre nach seinem Tod noch ist, ist ungewiss. Klar ist aber: Pyrrhon von Elis kann uns helfen, mit den Überforderungen der digitalen Welt zurechtzukommen. Er gilt als erster Skeptiker im eigentlichen Sinne und hat als solcher in einer Welt voller Fragezeichen seinen Seelenfrieden, die *ataraxia,* gefunden. Der Weg dorthin führt über eine einfache Erkenntnis: Die Dinge der Welt sind unerkennbar und wir können deshalb kein Urteil über sie fällen. Nicht mehr müssen wir also tun, als der digitalen Welt mit Skepsis im ursprünglichen Wortsinn zu begegnen.
Lesen: *Grundriss der pyrrhonischen Skepsis von Sextus Empiricus* (SUHRKAMP)

Was wird in zehn Jahren sein?

Eins ist klar. In zehn Jahren werden wir über die Zukunftsvisionen von heute schmunzeln. Der Mensch kann zwar in die Zukunft sehen. Aber nur so weit, wie sie sich bereits abzeichnet. Oder falsch *(Siehe: «Technologie: eine heitere Geschichte des Irrtums»)*. Die Chance, vorauszusehen, wo wir und unsere Technologie in zehn Jahren stehen, ist etwa so gross, wie wenn man das Internet schon hundert Jahre vorher hätte kommen sehen. Was sagen Sie, Jules Verne hat genau das getan, Mitte des 19. Jahrhunderts? Nun, dann steht einem kompetenten Blick in die Zukunft nichts im Wege.

Um zu sehen, wie viel sich in der Technologie in einem Jahrzehnt verändert, genügt ein Blick zurück ins Jahr 2000. Erinnern Sie sich? Mit Handys hat man telefoniert, unterwegs gab es kein Internet. Es gab kein FACEBOOK, kein WIKIPEDIA, kein YOUTUBE, GOOGLE Street View schon gar nicht. Nicht einmal Gmail. Der iPod war noch nicht erfunden, iTunes ebensowenig, ein paar verrückte Kids haben Musik im Schneckentempo übers Internet getauscht. Überhaupt: Das Internet war unwegsames Gelände, in dem man hin und wieder Dinge nachgeschaut hat. Die dann doch falsch waren. Man ist auf der Oberfläche des Internets gesurft, nicht selber eingetaucht. Nun also der Blick zehn Jahre nach vorne, mit Jules Verne als Schutzheiligen. Das sind die grossen Trends der nächsten zehn Jahre:

Die zentralisierte Identität

Bereits heute haben wir an verschiedensten Orten im Netz Daten von uns hinterlegt. Name, Geburtsdatum, Kreditkartennummer, E-Mail-Adresse, Postadresse und vieles mehr (wer bei 23ANDME mitmacht, hat gar seine DNA im Netz gespeichert). Zusammen ergeben sie das Abbild unserer Identität im Netz. In zehn Jahren, vermutlich bereits deutlich früher, werden diese Daten alle an einem Ort gespeichert sein. Entweder entscheiden wir uns freiwillig dazu, weil es praktisch ist, nicht zehn Accounts an verschiedenen Orten zu haben. Oder aber es ist bereits obligatorisch, weil Staaten zur Erkenntnis gekommen sind, dass sie so – «zum Wohle aller» – besser funktionieren können. Es ist dann eine Frage des Datenschutzes, inwieweit die Daten vernetzt werden dürfen und wer auf welche Informationen Zugriff hat. *(Siehe: «Steuern wir auf die totale Überwachung zu?»)*

Die Mobilmachung

Das Handy als multifunktionale Allzweckwaffe wird auch in zehn Jahren das zentrale Gerät sein. Es wird Kreditkarten und Bargeld ablösen, wird in der breiten Masse zum Generalabonnement, Flugticket und Eintrittskarte zum Konzert. Vor allem aber wird es unser persönlicher Radar für unterwegs, das Gefahren und Gelegenheiten erkennt. Verbunden mit speziell präparierten Linsen auf unseren Augen ist das Handy jederzeit in der Lage, zu sehen, was wir sehen, und wird diese Informationen so verarbeiten, das sie für uns nützlich sind. Ausgehend von unseren persönlichen Daten und unserem Konsumverhalten, wird es je nachdem, wo wir uns gerade aufhalten, Empfehlungen abgeben; was wir uns ansehen könnten, welche Freunde wir treffen könnten, wo wir vergünstigt einkaufen können. Das Handy wird laufend gespiesen von unserer zentralen Identität und ihren Vernetzungen. Umgekehrt schärft es kontinuierlich unser Profil mit neuen Informationen und lässt unser Umfeld wissen, was wir tun.

Die Dominanz der Algorithmen

Schon heute schicken sich Algorithmen an, den gesunden Menschenverstand zu ersetzen. Wir vertrauen strikten Berechnungsformeln, wenn es darum geht, Empfehlungen für unser Handeln zu erhalten. Bücher, die uns interessieren könnten (AMAZON), Songs, die wir als nächstes gerne hören würden (iTunes Genius), Menschen, die wir kennen könnten (FACEBOOK) – alles Algorithmen, die aus menschlichem Verhalten im Allgemeinen und unserem Verhalten im Speziellen unsere nächsten Bedürfnisse und Wünsche berechnen. Algorithmen werden in Zukunft unser Leben noch viel stärker durchdringen. Wir werden von intelligenten Gegenständen umgeben sein, unser eigener Verstand wird zur Entscheidungsinstanz zweiter Klasse degradiert. So wird unser Handy Alarm schlagen, wenn die Zahl der Grippefälle in unserem Umfeld, der aktuelle Zustand unseres Immunsystems und unsere Krankengeschichte darauf schliessen lassen, dass akute Erkrankungsgefahr besteht. Oder der Kühlschrank wird automatisch Bier bestellen, wenn wir viel Zeit erfolglos auf Online-Singlebörsen verbringen, melancholische Musik hören und abends jeweils Strom für den Fernseher brauchen.

Konvergenz von Medien und Inhalten

Die Grenzen zwischen verschiedenen Medien werden verschwinden. Fernsehen, Internet, Radio, Zeitungen, Magazine und Bücher werden wir alle auf demselben Gerät konsumieren, einer Weiterentwicklung dessen, was APPLE dieses Jahr als iPad in den Massenmarkt eingeführt hat. Nur in besonderen Fällen werden wir noch auf das jeweilige spezialisierte Medium zurückgreifen. Damit wird die Vermischung von Inhalten aller möglichen Mediengattungen weiter vorangetrieben, neue Formen werden entstehen. So könnte die Tagesschau als Videospiel angeboten werden, in dem ein aktuelles Ereignis aus der Perspektive der Akteure miterlebt werden kann. Eine elektronische Zeitung könnte, nicht nur personalisiert, sondern, auf meine aktuelle Stimmung und mein Zeitbudget angepasst, die wichtigsten Informationen des Tages aufbereiten und dabei News zum Weltgeschehen, Neuigkeiten aus dem privaten Umfeld und persönliche To-Dos bunt durchmischen. Wenn die Medien als solche verschwinden, sind die Möglichkeiten grenzenlos. Es kommt zur Umkehr der Formel von Marshall McLuhan. Die Botschaft ist nun das Medium.

Der Spieltrieb

Spielerische Elemente sind ein starker Antrieb für menschliches Verhalten, deren Potenzial sich in den nächsten Jahren noch viel deutlicher entfalten wird. Das Konzept des *homo ludens* ist ein altes, bereits 1939 hatte der niederländische Kulturhistoriker Johan Huizinga beschrieben, wie der Mensch sein Verhalten zunächst spielerisch erlernt und schliesslich ritualisert. Die rasanten technologische Entwicklung eröffnet eine Vielzahl von neuen Möglichkeiten, gleichzeitig tragen spielerische Elemente dazu bei, neue Technologie anzunehmen. Als GOOGLE einen Dienst vorgestellt hat, mit dem Freunde sehen konnten, wo man sich gerade aufhält, war die Skepsis gross. FOURSQUARE hat daraus ein Spiel gemacht, indem man Punkte und spezielle Auszeichnungen erhielt, wenn man regelmässig seinen Standort bekanntgab. Plötzlich waren die Leute gerne bereit, zu verraten, wo sie gerade sind. In naher Zukunft werden alle möglichen Gegenstände in unserer Umgebung mit Sensoren ausgestattet sein, die eine spielerische Interaktion ermöglichen. Meine Schuhe messen, wie viel ich mich bewege. Wenn ich mein Soll übertreffe, erhalte ich von der Krankenkasse einen Rabatt, wenn ich in einem Monat alle meine Freunde übertreffe, schenkt mir der Schuhhersteller das nächste Paar. Das Klavier bewertet uns jedes Mal, wenn wir darauf spielen, und zeigt unser aktuelles Level auf einem Display an, auf das jeder Gast einen prüfenden Blick werfen kann. Die Kinderzahnbürste merkt sich, ob sie regelmässig genutzt wird, und schaltet nach jeder erfolgreichen Woche ein neues Spiel auf dem Handy frei.

Die Gegenbewegung

Jede starke Bewegung ruft irgendwann eine Gegenbewegung hervor. Die technologische Entwicklung hat in den letzten Jahren einen derartigen Sog entwickelt, dass Reflexion und nachhaltige Kritik im nötigen Mass weder möglich noch erwünscht war. Erst langsam wächst das Bewusstsein für die persönlichen und soziokulturellen Veränderungen, die die moderne Technik mit sich bringt. Dieses wird sich in den nächsten zehn Jahren weiter manifestieren und konkrete Opposition zur jetzigen Technikgläubigkeit hervorrufen. Sie wird versuchen, den Fokus vom technologisch Machbaren auf das gesellschaftlich Wünschenswerte zu verschieben und gesetzliche Leitplanken errichten. Die Kritik wird nicht wie bisher von Kulturpessimisten und Datenschutzapokalyptikern kommen, sondern von Vertretern der technologisch hochinformierten Generation selber. Ohne tiefgehendes Verständnis der Funktionsweise der modernen Informationstechnologie ist es schlicht nicht mehr möglich, sinnvoll Kritik an ihr zu üben.

Der Weisheit vorläufiger Schluss
Das Quiz zum digitalen Leben

Online...
a) ist das neue Schwarz
b) Da sehe ich schwarz
c) Da sehe ich Schwanz
d) regiert das Schwanzweiss-Denken

Datenschutz ist ein viel diskutiertes Thema im Internet. Welche Einschätzung ist richtig?
a) Ist wichtig, sagt der Datenschutzbeauftragte
b) Ist wichtig, sagt China (und schützt seine Einwohner vor Daten)
c) Ist wichtig, scherzt GOOGLE
d) Ist wichtig, lügt FACEBOOK

Powerpoint...
a) ist doch gar nicht schlecht
b) ist doch gar nicht wahr
c) ist des Teufels
d) (Neuen Punkt durch Klicken hinzufügen)

GOOGLE...
a) — Ads by GOOGLE: Denken Sie noch oder googeln Sie schon? —
b) sucht für mich
c) Sucht für mich
d) findet mich

Der Vater des Internets...
a) heisst Vint Cerf
b) dabei wäre Vint Surf viel passender
c) wird gebeten, sein Kind am Kundendienst abzuholen
d) arbeitet jetzt für GOOGLE als Evangelist und Babysitter

User-generated content ...
a) ist ganz toll
b) tötet Journalisten
c) tötet Robbenbabys
d) Machen Sie Ihren Scheiss doch selber

Was hat das Copyright im Internet verloren?
a) Seine Gültigkeit
b) Seine Unschuld
c) Seine Freunde
d) Die Nerven

Handy bedeutet korrekt übersetzt:
a) Praktisch
b) Unpraktisch, weil Akku leer
c) Spielzeug für den hedonistischen Dandy
d) Ich spreche kein ORANGE

Was geschieht, wenn man bei GOOGLE den Suchbegriff «GOOGLE» eintippt?
a) Die Welt geht unter
b) Im GOOGLE-Hauptsitz wird die Rutschbahn für 404 Sekunden gesperrt
c) Ihr Haus wird bei Street View mit einem Idiotenfähnchen markiert
d) Die Suchresultate für «GOOGLE» werden angezeigt

Das Internet ist in Wahrheit ein Experiment. Worum geht es dabei?
a) Wie leicht sich der Mensch ablenken lässt
b) ...
c) Wie leicht sich der Mensch ABLENKEN LÄSST!
d) Hallo?

Die Welt mag vor die Hunde gehen, Godwin's Law steht felsenfest. Was besagt es?
a) God wins, per Gesetz. Ja, und?
b) Dass in Online-Diskussionen immer irgendwann jemand einen Nazi-Vergleich anstellt
c) Gott ist ein Nazi
d) Wer «c» sagt, hat verloren. Gemäss Godwin's Law

Die Generation der jungen Internetnutzer ist …
a) digital eingeboren
b) total eingebildet
c) fatal ungebildet
d) ein Konstrukt der Abgehängten

Was wenige wissen: Das Internet hat einen offiziellen Slogan. Er heisst:
a) Beyond delirium
b) All the news that wasn't fit to print
c) Just do IT
d) Per aspera ad astra

TWITTER regiert die Welt: 140 Zeichen …
a) reichen, um eine Revolution anzustossen
b) die dann alle verpassen, weil sie twittern müssen
c) machen aus Proleten keine Poeten
d) höchstens umgekehrt

Internet-Abkürzungen sind die Emotionen des kleinen Mannes, richtig?
a) WTF!?
b) ROFLMAO
c) tl;dr
d) q.e.d.

Was ist Bing?
a) Ein nerviger Ton
b) Die Bastion ignoranter Nicht-Googler
c) MICROSOFTS Suchmaschine
d) Moment, muss ich googeln

Wovor müssen Sie sich im Netz in Acht nehmen?
a) Piraten
b) Narzissten
c) Copycats
d) Lolcats

Auswertung

Mehrheitlich a): Sie sind ein echtes Alpha-Tier
Mehrheitlich b): Sie gewinnen einen Beta-Blocker
Mehrheitlich c): Sie brauchen den Flash-Player, um Ihr Resultat zu erfahren
Mehrheitlich d): Sie sind ganz unten angekommen

Zum Autor: David Bauer, 1982, ist ein bestens integrierter *digital immigrant.* Seit vielen Jahren beschäftigt er sich beruflich wie privat intensiv mit dem digitalen Leben. Er arbeitet als Journalist und Berater mit den Schwerpunkten neue Medien und Musik. Er hat in Basel Philosophie, Englisch und Betriebswirtschaft studiert, anschliessend in Hamburg und in Luzern Journalismus. Danach war er als Multimedia-Redaktor bei der SONNTAGSZEITUNG tätig. Er liebt das Internet. Aber nicht blind.

Herzlichen Dank. Ihr habt dieses Buch möglich gemacht: Reeto von Gunten und Wendelin Hess. Echtzeit. Nico Luchsinger. Thomas Zaugg. Fiona, Noemi, Ruth, Peter. Seline. Manu, Seraina, Patricia, Mathias. Oliver Reichenstein. Sigur Ros, Explosions In The Sky, Mono, Arcade Fire, Lena Fennell. Gin & Tonic. Café Non Fumare. MOLESKINE. Das Internet.

1. Auflage. 11. Oktober 2010
Copyright © 2010 Echtzeit Verlag GmbH, Basel
Alle Rechte vorbehalten

ISBN 978-3-905800-48-7

Autor: David Bauer
Coverbild: Hans-Jörg Walter
Gestaltung: Müller+Hess, Basel
Korrektorat: Max Wey
Druck: CPI – Ebner & Spiegel, Ulm

www.echtzeit.ch